Deutschbuch

Trainingsheft für Klassenarbeiten und Vergleichsarbeiten 6

Gymnasium Baden-Württemberg

Herausgegeben von
Margret Fingerhut und Bernd Schurf

Erarbeitet von
Markus Beck, Margret Fingerhut,
Christoph Fischer, Simone Herter,
Nina Mühleisen, Anke Weber, Bianca Weber
und Manuela Wölfel

Cornelsen

Inhaltsverzeichnis

Mit den ***Ergebnissen*** *und* ***Beispielaufsätzen*** *im beigefügten* ***Lösungsheft*** *kannst du deine Ergebnisse selbst überprüfen.*

Wie du mit diesem Trainingsheft arbeiten kannst

Dieses Trainingsheft hilft dir, gezielt für Prüfungen zu üben: In den Kapiteln 1 bis 10 kannst du die unterschiedlichen Arten von Klassenarbeiten trainieren, die in der 10. Klasse meist geschrieben werden. Mit dem letzten Kapitel testest du dein Wissen in allen Bereichen des Deutschunterrichts.
Die folgende Übersicht zeigt dir zunächst, welche Aufgabentypen in der 10. Klasse wahrscheinlich auf dich zukommen.

Die Kapitel 1 bis 10 sind in fünf Schritten aufgebaut. Dieser „rote Faden“ hilft dir dabei, die Aufgabenstellung zu verstehen, die nötigen Teilaufgaben erfolgreich zu lösen, einen zusammenhängenden Text zu verfassen und zu überarbeiten:

E Den eigenen Text überarbeiten

D Den Schreibplan erstellen

C Übungen zu Schwerpunkten der Aufgabe

B Erstes Textverständnis – Ideen entwickeln – Stoff sammeln

A Die Aufgabe verstehen – Was wird von mir verlangt?

Viel Erfolg!

1 Berufswahl – eine steigernde Erörterung verfassen

Aufgabenstellung

„Wie finde ich meinen Wunschberuf?" Für die Sonderbeilage *Schüler und Beruf* richtet das Ausbildungsmagazin *Starter* diese Frage an Schülerinnen und Schüler von 10. Klassen und fordert sie auf, ihre Antworten zu diesem Thema an die Redaktion zu schicken.
Schreibe deinen Artikel für das Magazin, in dem du darlegst, von welchen Gesichtspunkten man sich bei der Berufswahl leiten lassen sollte.

A Was wird von mir verlangt?

1 *a) Lies zunächst die Aufgabenstellung genau durch und entscheide, was von dir verlangt wird. Kreuze die zutreffenden Sätze an.*

Ich soll ...

- ☐ a) eine Erörterung zum Thema Wunschberufe verfassen.
- ☐ b) den Begriff des Wunschberufs klären.
- ☐ c) eine Erörterung zum Thema Berufswahl verfassen.
- ☐ d) darlegen, welche Faktoren bei der Berufswahl berücksichtigt werden sollten.
- ☐ e) erörtern, welche Faktoren für die Berufsfindung hilfreich und welche hinderlich sind.
- ☐ f) meine eigenen Schritte zu meiner persönlichen Berufswahl ausführlich darlegen.
- ☐ g) die Argumente dialektisch anordnen, z. B. nach dem Sanduhr-Prinzip.
- ☐ h) die Argumente bzw. Gesichtspunkte vom schwächsten zum stärksten steigernd anordnen.
- ☐ i) am Ende Stellung beziehen und meine persönliche Meinung sagen, welche sich aus der Argumentation ergibt.

b) Mache dir klar, zu welchem Zweck du die Erörterung verfasst. Bedenke dabei auch die Adressaten deines Textes, also die Leserschaft des Magazins. Aus welchem Grund könnten sie sich für deinen Artikel interessieren?

____

____

____

B Ideen finden – Stoff sammeln

1 *Was ist in der Aufgabenstellung mit dem Ausdruck Wunschberuf gemeint?*
a) Entscheide, welchen der folgenden Aussagen du am ehesten zustimmen würdest.

- ☐ a) Ein Wunschberuf ist ein sehr angesehener Beruf, in dem man für seinen Erfolg bewundert wird.
- ☐ b) Wunschberufe sind Traumberufe, wie zum Beispiel Topmanager, Chefarzt, Schauspieler oder Sängerin.
- ☐ c) Mit Wunschberuf ist ein Beruf gemeint, der genau den eigenen Vorstellungen und Bedürfnissen entspricht.
- ☐ d) Ein Wunschberuf ist ein Beruf, in dem man sich optimal selbst verwirklichen und seine Träume leben kann.

b) Begründe deine Entscheidung kurz aus dem Kontext der Aufgabenstellung heraus.

____

____

____

____

2 *Von welchen Gesichtspunkten sollte man sich bei der Berufswahl leiten lassen?*
Notiere deine ersten Ideen. Die Tabelle hilft dir, sie bereits etwas zu ordnen.

TIPP
In einer steigernden Erörterung wird meistens von dir verlangt, **Argumente** zu einer These darzulegen. Manchmal werden in der Aufgabenstellung stattdessen auch die Ausdrücke **„Gesichtspunkte“**, **„Gründe“**, **„Folgen“** oder **„Maßnahmen“** verwendet.

Persönliche Faktoren	Äußere Faktoren
eigene Interessen, z. B. ...	Arbeitsmarktsituation: ...

3 *Eva und Tim haben ihre Eltern und Bekannte gefragt, nach welchen Gesichtspunkten diese ihren Beruf gewählt haben. Entscheide, ob du einige der hier genannten Aspekte übernehmen möchtest.*
Vielleicht fallen dir auch ausgehend von den Zitaten weitere eigene Gesichtspunkte ein, die bei der Berufswahl berücksichtigt werden sollten.

„Früher wollte ich die ganze Welt retten! Wichtig für mich war vor allem, etwas wirklich Sinnvolles zu tun und nicht nur viel Geld zu verdienen ...“

„Als Pilotin sehe ich meine Familie zwar kaum, aber um die ganze Welt reisen – das war schon immer mein Traum. Sprachen liegen mir sehr und mit Menschen umgehen finde ich spannend. Auch die technische Seite meines Berufs fasziniert mich!“

„Schon immer stand fest, dass ich den Betrieb meiner Eltern übernehmen würde. Sie hatten so viel aufgebaut, das sollte in der Familie bleiben. Außerdem hätte ich meine Heimatstadt auch nicht gern verlassen.“

4 *Trage die aussagekräftigsten deiner Argumente in die Tabelle ein und ergänze passende Beispiele.*

TIPP

Um deine Argumente bzw. Gesichtspunkte **überzeugend und anschaulich** zu machen, musst du sie stützen mit Hilfe von
- □ **Beispielen** (z. B. Daten aus Statistiken, persönliche Erfahrungen),
- □ **Belegen** (z. B. mehrheitlich anerkannte Normen/Grundsätze) und
- □ **Zitaten** (z. B. Expertenmeinungen).

	Gesichtspunkte/Argumente	Beispiele/Belege/Zitate
A	Das Sozialprestige eines Berufs ist oftmals wichtig für die Berufswahl.	Ärzte genießen hohes Ansehen. Sozialprestige kann zur persönlichen Zufriedenheit beitragen.
B	Die Ausbildungsdauer kann für die Berufswahl mit entscheidend sein.	
C	Die persönlichen Stärken sollten in die Berufsentscheidung mit einfließen.	
D	Nicht nur für Frauen können die Möglichkeiten der Vereinbarkeit von Beruf und Familie ein Argument für oder gegen bestimmte Berufe sein.	
E		
F		
G		

C Übungen

1 *Hier siehst du Satzanfänge, welche Argumente einleiten können. Markiere in jeder Zeile eine Formulierung, die du am passendsten findest. **Achtung**: Inhaltlich stimmen alle Möglichkeiten.*

TIPP
In einer steigernden Erörterung ordnest du deine Argumente **ansteigend nach Wichtigkeit** an.
Du solltest auch sprachlich deutlich machen, dass deine Argumente gegen Ende immer stärker werden.

	Joachim schreibt:	Thomas schreibt:	Eva schreibt:
erstes Argument	Zuerst mal möchte ich sagen, dass ...	Ein erster bedenkenswerter Gesichtspunkt für die Berufswahl ist ...	Für relativ unwichtig halte ich ...
zweites Argument	Auch keinesfalls unwichtig ist ...	Außerdem ...	Zweitens finde ich ...
drittes Argument	Hinzu kommt der Faktor ...	Ferner denke ich, dass ...	Von noch größerer Wichtigkeit ist in meinen Augen ...
viertes Argument	Was man auf keinen Fall vernachlässigen sollte, ist ...	Darüber hinaus spielt ... eine große Rolle, denn ...	Schließlich darf man nicht vergessen, dass ...
letztes Argument	Zum Schluss möchte ich noch erwähnen, dass ...	Von absolut ausschlaggebender Bedeutung ist allerdings ...	Nun komme ich zu meinem letzten Gesichtspunkt ...

2 *Verknüpfe die folgenden Hauptsätze, sodass sinnvolle Satzgefüge oder Satzreihen entstehen. Die Ausdrücke aus dem Wortspeicher helfen dir dabei.*

TIPP
Verbinde die Argumente, Belege und Beispiele sinnvoll miteinander, z. B. **durch Konjunktionen**, um die **gedanklichen Zusammenhänge sprachlich** zu **verdeutlichen**.

Wortspeicher
weil denn deswegen auch wenn folglich dagegen zwar trotzdem aber sodass hingegen
jedoch doch allerdings schließlich darüber hinaus während zum Beispiel beispielsweise

a) *Die Ausbildungsdauer kann für die Berufswahl entscheidend sein. Ein Medizinstudium dauert länger als eine Ausbildung zum Heilpraktiker. Die Ausbildung zum Heilpraktiker dauert drei Jahre. Ein Medizinstudium etwa sechs.*

____

____

____

b) *Der Verdienst ist für viele ein starker Anreiz. Sie nehmen einen stressigen Berufsalltag in Kauf. Er ermöglicht ihnen einen hohen Lebensstandard. Manche Manager sehen ihre Familie kaum. Sie können sich Luxusurlaube leisten.*

____

____

____

c) Die persönlichen Stärken sollten in die Berufsentscheidung mit einfließen. Es ist nicht einfach, sich über sie klar zu werden. Nur mit einem Job, in dem man seine Fähigkeiten beweisen kann, wird man glücklich werden.

D Einen Schreibplan erstellen

1 *Wäge ab, welche der Gesichtspunkte aus der Tabelle von Seite 6 du für wichtig hältst, und erstelle einen Schreibplan für deinen* ***Hauptteil****.*

weniger wichtig:

schon wichtiger:

recht wichtig:

sehr wichtig:

am wichtigsten:

2 *a) Kreuze an, welche der folgenden Aussagen zutreffend sind.*

In der **Einleitung** zu meinem Aufsatz sollte ich …

- ☐ a) das Thema formulieren und Schlüsselbegriffe der Themenstellung erläutern.
- ☐ b) das Interesse des Lesers wecken.
- ☐ c) meine eigene Meinung schon deutlich erkennen lassen.
- ☐ d) über ein aktuelles Ereignis, eine persönliche Erfahrung o. Ä. zum Thema hinführen.
- ☐ e) den Leser direkt ansprechen.

b) Fertige auf Grundlage deiner Ergebnisse Notizen für die Einleitung an.

3 *a) Welche Aussagen treffen auf den* ***Schluss*** *einer Erörterung zu? Kreuze an.*

Als Abschluss der Erörterung sollte ich ...

- ☐ a) unbedingt noch ein ganz neues Argument anführen.
- ☐ b) meinen Standpunkt am besten indirekt zum Ausdruck bringen.
- ☐ c) ein Fazit formulieren, das logisch aus der Argumentation im Hauptteil folgt.
- ☐ d) möglicherweise mit einer Aufforderung oder einem Ausblick schließen.
- ☐ e) dem Leser für seine Aufmerksamkeit danken.

b) Ein Schüler hat den folgenden Schluss geschrieben. Überarbeite, was dir weniger gelungen erscheint.

Darum finde ich, dass man sich seine Berufswahl unbedingt gut überlegen muss. Die persönlichen Interessen und Neigungen sind meiner Meinung nach ausschlaggebend. Ein Beruf, der nicht zu einem passt, macht einen auf Dauer unzufrieden. Ein gutes Beispiel dafür ist mein Onkel Hans, der als Ingenieur arbeitet, obwohl er sich nicht für Technik interessiert und gerade wegen einem Burnout-Syndrom in Behandlung ist. So möchte ich einmal nicht enden. Daher gilt: Erst überlegen, dann den Beruf wählen!

Abschließend möchte ich betonen ... ____________________

____

____

____

____

____

____

4 *Schreibe nun den Artikel für das Magazin in dein Heft.*

E Den eigenen Text überarbeiten

1 *Überprüfe deinen fertigen Text mit Hilfe der Checkliste. Falls du bei manchen Punkten ⊖ angekreuzt hast, solltest du diese Stellen noch einmal überarbeiten.*

☑ Checkliste

	⊕	⊖
Aufbau		
☐ Die Einleitung meiner Erörterung weckt das Interesse der Leser und führt zum Thema hin.	☐	☐
☐ Im Hauptteil nenne ich Argumente und Beispiele, welche die These stützen.	☐	☐
☐ Zum Schluss nenne ich noch einmal ganz klar das Fazit der Argumentation und runde den Gedankengang ab, z. B. durch eine Aufforderung oder einen Ausblick.	☐	☐
Argumentation		
☐ Ich habe meine Argumente nach Wichtigkeit ansteigend angeordnet, das stärkste nenne ich zum Schluss. Diese Gewichtung habe ich auch sprachlich deutlich gemacht, z. B. durch einleitende Formulierungen.	☐	☐
☐ Ich habe die Argumente veranschaulicht, z. B. durch Expertenmeinungen, anerkannte Normen, persönliche Erfahrungen, Daten aus Statistiken usw.	☐	☐
☐ Ich habe einzelne Überlegungen logisch und sinnvoll miteinander verknüpft.	☐	☐
Sprachlich-formale Aspekte		
☐ Mein Stil ist überall schrift- und nicht umgangssprachlich.	☐	☐
☐ Optisch habe ich die einzelnen Argumente im Hauptteil durch Absätze kenntlich gemacht.	☐	☐
☐ Ich habe meinen Text abschließend hinsichtlich Rechtschreibung und Zeichensetzung überprüft.	☐	☐

2 Staatliche Überwachung – eine Pro-und-Kontra-Erörterung verfassen

Aufgabenstellung

Angesichts einer wachsenden Terrorbedrohung muss der Staat auch ohne richterliche Anordnung Kommunikation am Telefon oder in E-Mails und die Nutzung des Internets überwachen, um die Sicherheit seiner Bürger gewährleisten zu können.
Erörtere diese These und nimm begründet Stellung.

A Die Aufgabe verstehen

1 *a) Verbinde die folgenden Satzbausteine zu sieben vollständigen Sätzen.* ***Achtung:*** *Manchmal bilden zwei, machmal drei Teile einen vollständigen Satz.*
b) Schreibe die fünf Aussagen unten auf, die für eine Pro-und-Kontra-Erörterung zutreffend sind.

a) Die Sprache ist
b) muss am Ende deutlich erkennbar sein.
c) Kontra-Argumente formulieren.
d) Die Einleitung kann mit
e) zwischen Pingpong- und Sanduhr-Prinzip.
f) Meine eigene Meinung
g) sehr bildhaft gehalten sein.
h) durchgängig das Präsens.
i) Positionen, Pro- und
j) Die Sprache sollte
k) Ich muss für beide
l) Das Tempus ist
m) einem aktuellen Bezug oder einem
n) Aufbau die Wahl
o) Ich habe beim
p) sachlich gehalten.
q) Zitat beginnen.

1. ______
2. ______
3. ______
4. ______
5. ______

2 *Wie sollte man am besten bei einer Pro-und-Kontra-Erörterung vorgehen? Ordne die folgenden Arbeitsschritte, indem du sie nummerierst.*

- [ ] die Erörterung kritisch durchlesen und überarbeiten
- [ ] Beispiele zu den Argumenten suchen
- [ ] die Erörterung schriftlich ausformulieren
- [ ] die Argumente für den Hauptteil ordnen
- [ ] das Thema erschließen und eine Ideen- und Stoffsammlung anlegen
- [ ] die Einleitung und den Schlussteil planen
- [ ] sich auf eine Position festlegen
- [ ] Argumente für beide Seiten suchen

B Material sammeln

1 *Notiere zunächst in einer Mind-Map alle Ideen, Argumente, Beispiele und aktuellen Bezüge, die dir zu dem Thema „Überwachung durch den Staat“ einfallen.*

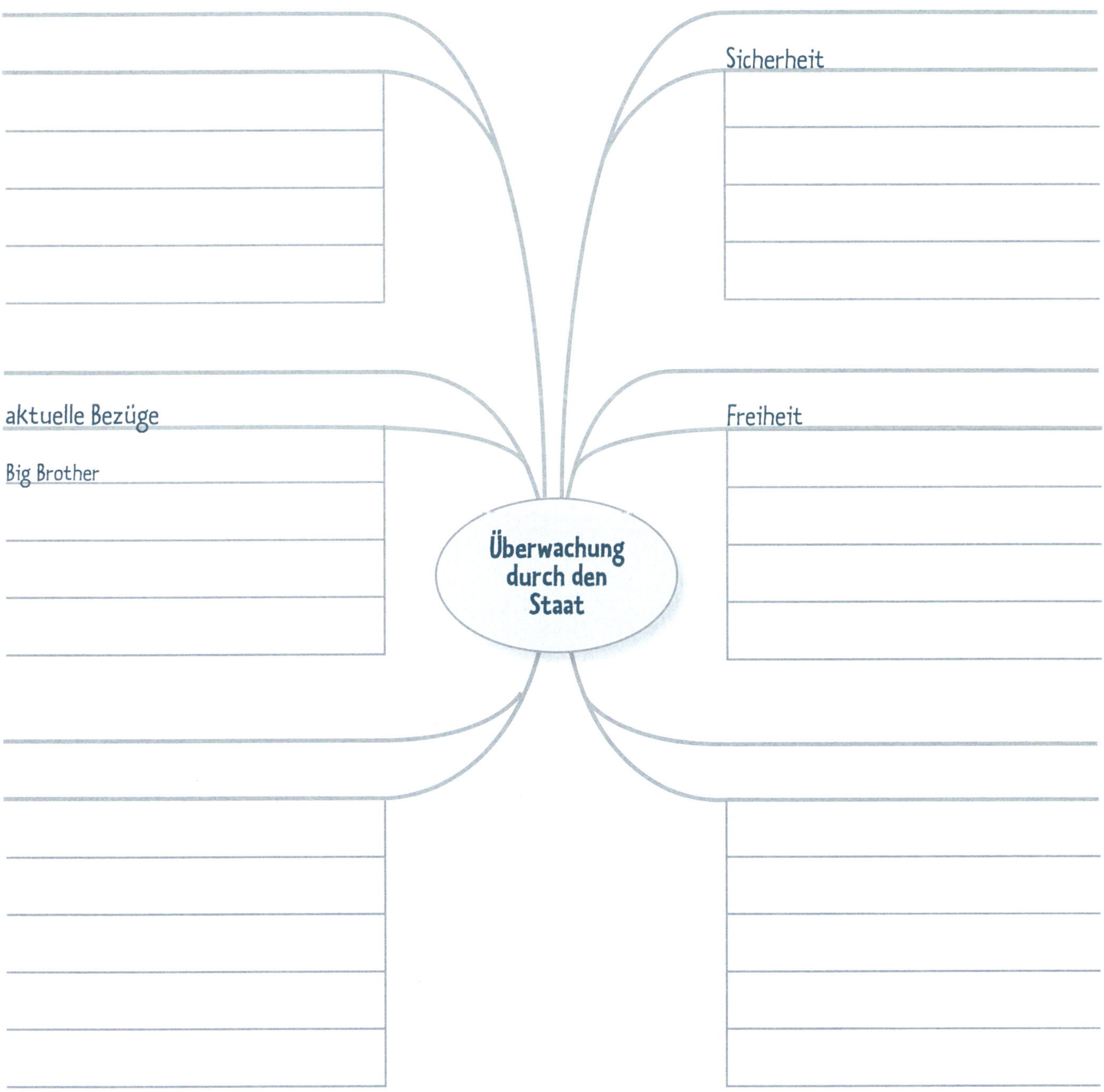

2 *In einer Klassendiskussion haben Schülerinnen und Schüler die folgenden Zitate gesammelt, die sie teilweise im Internet oder in Zeitungen gefunden und teilweise selbst formuliert haben. Lies ihre Sammlung durch und ergänze deine Mind-Map mit den Aspekten, die du für sinnvoll erachtest.*
Vielleicht fallen dir ja anschließend auch noch weitere eigene Argumente oder Beispiele ein?

Die Aufgabe des Staates ist es, alles zu tun, um die Sicherheit der Bürger zu schützen.

Terroristen hinterlassen bei der Planung ihrer Verbrechen Spuren. Wenn diese im Internet oder auf privaten Computern abgefangen werden, können durch präventive Maßnahmen Verbrechen verhindert und so Menschenleben gerettet werden.

Schutz der Privatsphäre

Videoüberwachung an öffentlichen Plätzen ist unbedenklich, denn solange nichts vorfällt, werden die Aufnahmen nicht ausgewertet und wieder gelöscht. Auf Flughäfen geschieht das bereits jetzt ohne Probleme.

Diskussion nach Terroranschlägen

In Artikel 13 des Grundgesetzes steht, dass die Unverletzlichkeit der Wohnung garantiert ist. Das heißt, dass niemand ohne Zustimmung die private Wohnung betreten darf.

Wer nichts zu verbergen hat, der muss auch nichts fürchten.

Der Innenminister argumentiert, dass es für die Aufklärung oder Verhinderung von Verbrechen notwendig sei, das Private einzuschränken. Er plant „Sicherheitsgesetze", die beispielsweise das Ausspionieren von Computern ermöglichen.

Der „gläserne Bürger" muss verhindert werden, da man nie ganz sicher sein kann, wer die gesammelten Daten missbrauchen könnte.

Verbrechen werden nun einmal nicht in der Öffentlichkeit geplant. Daher muss die Privatsphäre von Verdächtigen untersucht werden dürfen.

Ein Ministerpräsident (SPD): „Was der Innenminister auf den Tisch gelegt hat, gefährdet die Balance zwischen Freiheit und Sicherheit."

Es ist nicht einzusehen, dass Fingerabdrücke auf Pässen gespeichert werden, da so alle Menschen im Voraus unter Generalverdacht gestellt werden.

Der Lehrer darf zwar abgefangene Zettelchen einsammeln, aber lesen oder gar vorlesen darf er sie nicht. Warum sollte der Staat dann das Recht haben, in viel größerem Maßstab die Korrespondenz zwischen Bürgern zu kontrollieren?

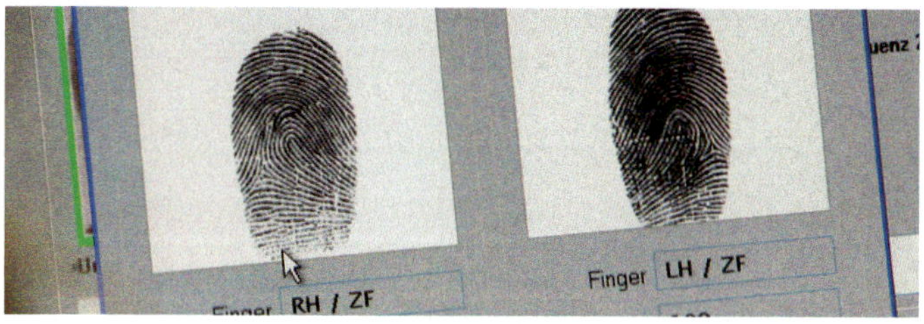

3 *Welche Meinung vertrittst du? Lege deine Haltung zum Thema „Staatliche Überwachung" in einer These dar.*

Ich vertrete die These, dass ...

C Übungen

Argumente und Beispiele ausformulieren

1 *Katrin argumentiert gegen staatliche Überwachung, formuliert ihr Argument aber nicht gut aus:*

„Die Überwachung von privater Korrespondenz ist abzulehnen, da es sich um einen Eingriff in die Privatsphäre handelt."

a) Schreibe Stichwörter zu den folgenen Fragen auf, um das Argument ausformulieren zu können.

TIPP

Bei einer Argumentation reicht es nicht, jedes Argument in einem Satz abzuhandeln. Wichtig ist, dass die **Argumente zu Ende gedacht und** entsprechend **ausformuliert** werden. Dazu sollte man z. B.

- wichtige **Begriffe erklären** (Was heißt das genau?),
- nach den **Gründen** (Warum ist das so?) und
- nach den **Folgen** (Was folgt daraus?) fragen.

- Was gehört alles zur Privatsphäre eines Menschen?

Private Briefe, z. B. an Freunde, ...

- Warum ist es wichtig, dass diese Dinge nicht jedermann zugänglich sind?

- Welche Folgen – mitunter auch emotionaler Art – hat es für einen Betroffenen, wenn seine Privatsphäre nicht mehr geschützt ist?

b) Formuliere nun das Argument aus, indem du die Sätze mit Hilfe deiner Stichworte fortsetzt.

Die Überwachung privater Bereiche ist abzulehnen, da die Privatsphäre der Bürger ...

→ Zur Privatsphäre gehören ja nicht nur relativ unwichtige E-Mails, sondern auch ...

→ Diesen Bereich zu schützen, ist für den Betroffenen wichtig, da ...

→ Wenn dieser Schutz wegfiele ...

→ Daraus folgt ...

Gegenargumente formulieren

2 *Hier siehst du zwei ausformulierte Argumente für die staatliche Überwachung.*
Ergänze zu jedem Argument ein Gegenargument mit Beispielen.
***Tipp:** Markiere jeweils die wichtigsten Aspekte der Pro-Argumente, um dir zu verdeutlichen, worauf du im Gegenargument eingehen solltest.*

TIPP

Wenn zwei Argumente einander gegenübergestellt werden, ist es wichtig, dass
- sie sich auch inhaltlich aufeinander beziehen, also im Gegenargument die wichtigsten Aspekte des Pro-Arguments entkräftet werden, und dass
- die Kontrastierung sprachlich deutlich gemacht wird, z. B. durch Formulierungen wie: *Auch wenn ... muss gesehen werden, dass ... Auf der anderen Seite ist zu bedenken, dass ... Dem kann gegenübergestellt werden, dass ...*

Zum einen hat es das Internet heute Kriminellen leicht gemacht, sich in Sekunden zu verständigen, sich zu koordinieren und Pläne notfalls zu ändern. Unsere Sicherheitskräfte müssen das Recht haben, eben die technischen Mittel, die Terroristen nutzen, zu überwachen, um genauso rasch eingreifen zu können, wie die Pläne sich ändern. Wenn für jede Überwachung ein neuer Antrag beim Richter benötigt wird, dann sind die geplanten Verbrechen, die es zu verhindern gilt, längst ausgeführt.

→ Auch wenn ... ____________________

Es muss auch gesehen werden, dass die Sicherheit von Tausenden von Menschen im Zweifelsfall immer höher zu gewichten ist als das Recht auf Privatsphäre des Einzelnen. Wenn er nichts zu verbergen hat, dann hat er auch nichts zu befürchten. Was sollte die Polizei bei der Überwachung eines unbescholtenen Bürgers entdecken, außer ein paar E-Mails an seine Kollegen mit der Bitte, ihm zum Geburtstag kein Ständchen zu singen, oder der Aufforderung, pünktlich zu sein? Zudem fehlt es der Polizei an Zeit, privaten Vorlieben nachzugehen.

→ ____________________

Argumente gewichten

3 *Verdeutliche jeweils die Wichtigkeit der zwei gegenüberstehenden Argumente. Die Formulierungsbausteine aus dem Wortspeicher helfen dir dabei.*

TIPP

Ob du mit einem Argument wirklich überzeugen willst oder ob du es nur nennst, um es bald wieder zu entkräften, kannst du auch durch die **sprachliche Gewichtung** kenntlich machen.

Wortspeicher

Absolut ausschlaggebend ist aber ...
Andererseits ist es so, dass ...
Ein weiteres Argument für...
Man darf nicht unbeachtet lassen, dass ...
Noch bedeutsamer ist ...
Zu erwähnen wäre außerdem ...
Allerdings muss man auch die andere Seite zur Sprache bringen ...

Zwar stimmt es, dass ..., aber ...
Allerdings gilt es zu bedenken, dass ...
Des Weiteren ...
Entscheidend aber ist ...
Weniger wichtig ist ...
Man muss auch sehen, dass ...
Zunächst kann angeführt werden ...
Auch wenn ..., muss gesehen werden, dass ...

a) Zeige **überzeugend**:
Der „gläserne Mensch" muss verhindert werden.

↔ Stelle als **weniger überzeugend** gegenüber:
„Unbescholtene" Bürger haben nichts zu befürchten.

→ **Vor allem muss gesehen werden,** dass der „gläserne Mensch", also der vollständig überwachte Mensch, auf jeden Fall zu verhindern ist.

Dagegen kann auch nicht eingewendet werden, dass der unbescholtene Bürger nichts zu befürchten habe, denn gerade die Tatsache, dass unschuldige Bürger wie Verdachtspersonen behandelt werden, ist ja ein zentraler Kritikpunkt.

b) Stelle als **weniger wichtig** dar:
Man kann nicht kontrollieren, in wessen Hände die Daten gelangen und ob sie missbraucht werden.

↔ Präsentiere demgegenüber **sehr überzeugend**:
Videoüberwachung an öffentlichen Plätzen ist unbedenklich, da die Aufnahmen gelöscht werden, wenn nichts vorfällt.

c) Formuliere **recht aussagekräftig**:
Die Unverletzlichkeit der Wohnung ist gesetzlich garantiert.

↔ Stelle als **noch wichtiger** dar:
Die Privatsphäre ist ein hohes Gut, das es zu schützen gilt.

D Einen Schreibplan erstellen

1 *Hier siehst du die beiden Aufbauprinzipien für eine Pro-und-Kontra-Erörterung. Überlege, welche Vor- und Nachteile sie deiner Meinung nach jeweils haben.*

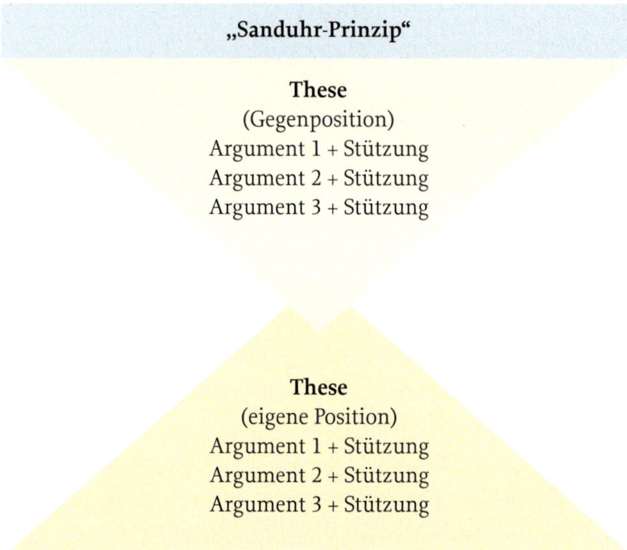

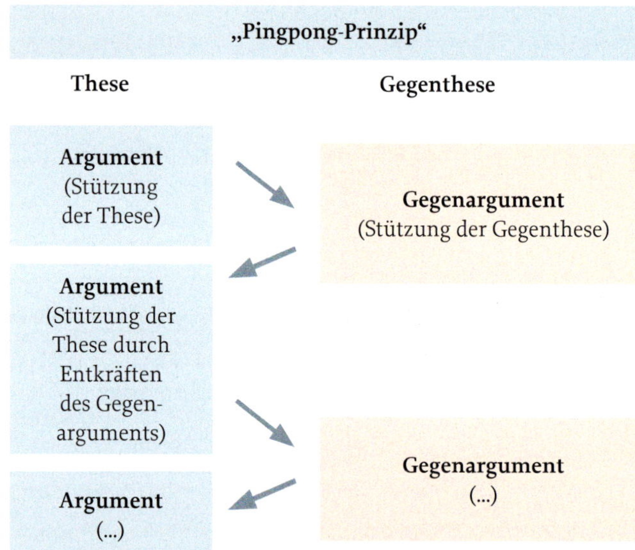

2 *Schau dir noch einmal deine Stoffsammlung zum Thema „Staatliche Überwachung“ von Seite 11 an. Welches Prinzip scheint dir für deine Erörterung geeigneter? Begründe deine Wahl in einem Satz.*

3 *Ordne je vier bis fünf Argumente und Beispiele in zwei Spalten an. Greife dazu auf deine Sammlung von Seite 11 zurück.*
Wenn du dich für das Pingpong-Prinzip entschieden hast, dann stelle jedem Argument das passende Gegenargument gegenüber. Baust du den Hauptteil nach dem Sanduhr-Prinzip auf, dann achte vor allem auf die gewichtende Anordnung der Argumente.
Versichere dich, dass die von dir festgelegte Anordnung der Argumente mit deiner Position übereinstimmt.

Pro – Staatliche Überwachung	Kontra – Staatliche Überwachung

Einleitung und Schluss planen

4 *Welche der von dir gesammelten Aspekte aus der Ideensammlung (Seite 11) eignen sich für die Einleitung? Notiere diese stichwortartig.*

TIPP

Die **Einleitung** soll den Leser zum Weiterlesen anregen, das heißt zum einen
- □ **das Interesse wecken** (z. B. durch den Bezug auf ein aktuelles Ereignis, eine Diskussion oder ein pfiffiges Zitat), aber auch
- □ **zum Thema hinführen** (die Themafrage stellen und schwierige oder nicht eindeutige Begriffe erläutern).

____

____

____

5 *Notiere für den Schlussteil in Stichworten*
- □ *deine eigene Meinung und*
- □ *einen Aspekt aus der Einleitung, den du abschließend noch einmal aufgreifen könntest.*

TIPP

Im Schluss fasst du die Hauptargumente noch einmal zusammen und stellst deine **eigene Meinung**, die aus der Argumentation im Hauptteil hervorgeht, dar.
Außerdem **rundest** du **den Gedankengang ab**. Dies wirkt besonders gelungen und schlüssig, wenn du noch einmal auf einen in der Einleitung genannten Punkt zurückgreifst.

____

____

____

____

6 *Schreibe eine vollständige Pro-und-Kontra-Erörterung zu dem Thema „Staatliche Überwachung" in dein Heft.*

E Den eigenen Text überarbeiten

1 *Überarbeite deinen Text nach einer kurzen Pause mit Hilfe der folgenden Checkliste.*

☑ Checkliste

	+	−
Aufbau		
□ Ich habe meine Erörterung klar in Einleitung, Hauptteil und Schlussteil gegliedert.	□	□
□ Die Einleitung führt zum Thema hin und weckt das Interesse der Leserinnen und Leser.	□	□
□ Im Schluss habe ich die Hauptargumente noch einmal zusammengefasst, meine Meinung genannt und den Gedankengang abgerundet.	□	□
Argumentation im Hauptteil		
□ Die Argumente sind alle gründlich durchdacht und auch sprachlich bis zu Ende ausformuliert.	□	□
□ Ich habe die Argumente schlüssig angeordnet, entweder nach dem Sanduhr- oder nach dem Pingpong-Prinzip. Die Gewichtung der Argumente habe ich auch sprachlich deutlich gemacht.	□	□
□ Die Argumente und Beispiele sind logisch und sprachlich flüssig miteinander verbunden.	□	□
□ Die Gewichtung der Argumente lässt meine Haltung zum Thema erkennen.	□	□
Sprachlich-formale Aspekte		
□ Die Sprache ist sachlich, ich habe keine umgangssprachlichen Ausdrücke verwendet.	□	□
□ Im Hauptteil habe ich die gedankliche Gliederung durch Absätze optisch deutlich gemacht.	□	□
□ Ich habe abschließend die Rechtschreibung und die Zeichensetzung kontrolliert.	□	□

3 *Daniel Goleman:* Unsere Kinder – Opfer des Fortschritts – eine textgebundene Erörterung verfassen

Aufgabenstellung

Arbeite die Kerngedanken des Textes „Soziale und emotionale Intelligenz" von Daniel Goleman heraus und nimm kritisch Stellung zu ihnen. Beziehe dabei deine eigenen Erfahrungen mit ein.

Daniel Goleman

Soziale und emotionale Intelligenz
Unsere Kinder – Opfer des Fortschritts (2008)

Die Internetzeitschrift „Edge" stellt renommierten Wissenschaftlern die Frage: „Was halten Sie für wahr, ohne es beweisen zu können?" Dies ist die Antwort des amerikanischen Psychologen Daniel Goleman:

These, die im Text begründet wird

Ich glaube, kann jedoch nicht beweisen, dass die heutigen Kinder unfreiwillig zu Opfern des wirtschaftlichen und technischen Fortschritts werden.

Zwar bieten mehr Wohlstand und moderne Techniken uns allen einen höheren Lebensstandard, aber diese unaufhaltsamen Kräfte scheinen die Kindheit auf verheerende Weise transformiert zu haben. Während der durchschnittliche Intelligenzquotient amerikanischer Kinder im Lauf des vergangenen Jahrhunderts stetig gestiegen ist, bezeugten die letzten drei Jahrzehnte einen drastischen Rückgang der grundlegenden sozialen und emotionalen Fähigkeiten – derjenigen nämlich, die sie im Beruf und in Führungspositionen, als Eltern und als Ehepartner, kurzum als Mitglieder des Gemeinwesens brauchen würden.

Beleg: (statistischer Nachweis)

Zwar gibt es immer individuelle Ausnahmen, insgesamt jedoch scheint sich die Glockenkurve[1] der sozialen und emotionalen Fähigkeiten ungünstig zu entwickeln. Die zwingendsten Daten bietet eine nationale Erhebung, die Thomas Achenbach von der Universität Vermont bei mehr als 3 000 repräsentativ ausgewählten amerikanischen Schülern im Alter zwischen sieben und sechzehn Jahren durchgeführt hat, deren Verhalten er von Eltern und Lehrern (ihnen nahestehenden Erwachsenen) beurteilen ließ. Die erste Befragung fand Anfang der 1970er Jahre statt, eine zweite fast 15 Jahre später und eine dritte in den späten 1990er Jahren. Die Ergebnisse offenbaren einen bestürzenden Verfall der sozialen und emotionalen Kompetenz.

Besonders steil ging es zwischen der ersten und der zweiten Umfrage bergab. Gegenüber den frühen 1970er Jahren waren amerikanische Kinder Mitte der 1980er stärker verschlossen, mürrisch, unglücklich, ängstlich, depressiv, aufbrausend, unkonzentriert, fahrig, aggressiv und straffällig. Sie schnitten bei 42 Indikatoren schlechter, aber bei keinem besser ab. Ende der 1990er Jahre stiegen die Werte wieder an, blieben jedoch hinter dem alten Stand zurück.

So weit die Daten. Ich glaube nun, ohne dies freilich beweisen zu können, dass dieser Rückgang in hohem Maße auf wirtschaftliche und technische Faktoren zurückzuführen ist. Der rasante Anstieg des globalen Wettbewerbs hatte zur Folge, dass Eltern etwa seit zwei Jahrzehnten länger arbeiten müssen, um den gewohnten Lebensstandard zu halten. In den USA gibt es heute praktisch nur noch Doppelverdiener, wohingegen es vor 50 Jahren die Regel war, dass ein Elternteil zu Hause blieb. Nicht, dass heutige Eltern ihre Kin-

1 **Glockenkurve:** grafische Darstellung der Normalverteilung von Werten

der weniger lieben würden – sie haben einfach nicht mehr genügend Zeit für ihre Betreuung.
Zunehmende Mobilität bewirkt, dass Kinder seltener in der Nähe ihrer Verwandtschaft leben, wodurch Angehörige als Elternersatz ausfallen. Tagesstätten können ganz ausgezeichnet sein, besonders für Kinder privilegierter Eltern, die ärmeren jedoch bleiben oft vernachlässigt. Was die Mittelschichten angeht, so ist die Kindheit heute übermäßig organisiert, ein vollgepackter Terminkalender mit Tanz- und Klavierstunden oder Sport, wobei Erwachsene ihre Kinder von Ort zu Ort fahren zu vorgegebenen Veranstaltungen und diesen immer weniger Zeit bleibt für eigenständige, selbst gewählte Spiele. Wenn es nun um das Erlernen sozialer und emotionaler Fähigkeiten geht, so bedeutet die Einbuße an Freizeit im Kreis von Familie, Verwandten und anderen Kindern ein Fehlen gerade der Tätigkeiten, die traditionell zur Stärkung ebensolcher Kompetenzen beigetragen hatten.
Hinzu kommt der Faktor Technik. Heutige Kinder – der Industrie-, zunehmend aber auch der Entwicklungsländer – verbringen mehr Zeit denn je allein, auf Monitore starrend. Das Ganze läuft auf ein beispielloses Realexperiment im Bereich der Kinderaufzucht hinaus. Wenn sich solche Kinder am Ende auch gut mit Computern auskennen mögen, werden ihnen zweifellos die Fähigkeiten fehlen, die man im Umgang mit anderen Menschen benötigt.
Das für den Erwerb sozialer und emotionaler Kompetenzen entscheidende limbische System ist diejenige Hirnregion, die anatomisch am spätesten reift, sodass ihre Entwicklung erst mit Mitte zwanzig abgeschlossen ist. In diesem Zeitraum bilden sich die Lebensfähigkeiten eines Kindes heraus, wenn neuronale Netzwerke, mit allen Vor- und Nachteilen, Gestalt annehmen. Es sind Kindheitserlebnisse, die über diese Verknüpfungen entscheiden. Um unseren heutigen Kindern zu helfen, die richtigen sozialen und emotionalen Fähigkeiten zu erlernen, sollten wir derlei Einsichten in die Klassenzimmer tragen, anstatt die Jugend auf Gedeih und Verderb der knallharten, technikbesessenen Wunderwelt von heute auszusetzen.

A Die Aufgabe verstehen

1 *Johannes und Conny erklären, was sie unter einer textgebundenen Erörterung verstehen. Fasse in der dritten Sprechblase zusammen, was von dir bei der Aufgabenstellung verlangt wird. Vergleiche anschließend deine Antwort mit der im Lösungsheft (S. 6).*

Johannes: Bei einer Erörterung ist es doch mein Ziel, dass ich dem Leser ein Problem erläutere und von meiner Meinung dazu überzeuge. Dafür ordne ich verschiedene Argumente nach Wichtigkeit und untermauere sie mit Beispielen.

Conny: Bei einer Textanalyse untersuche ich den Text, d. h., ich erkläre die Hauptgedanken des Autors, durchleuchte den Aufbau des Textes und die sprachlichen Merkmale. Anschließend kann ich den Text bewerten. Mein Ziel ist es, meinem Leser den mir vorliegenden Text möglichst genau zu beschreiben.

Bei der textgebundenen Erörterung besteht der Hauptteil meiner Arbeit aus zwei Teilen:

1. ____________________

____

2. ____________________

____

B Den Text verstehen und Ideen sammeln

Textanalyse

1 *a) Lies den Text durch und unterstreiche, was der Autor an den Kindern bzw. Jugendlichen beobachtet.*
b) Fasse Golemans Feststellung in einem Satz zusammen.

TIPP
Die **Hauptaussage** des Texts, die du hier herausarbeitest, bildet die Grundlage für die spätere Erörterung.

c) Erkläre, was genau man unter sozialer und emotionaler Intelligenz versteht. Hinweise geben dir z. B. die Zeilen 7–10 sowie die Eigenschaften der Jugendlichen in den Zeilen 20–24, an denen der Rückgang der emotionalen und sozialen Kompetenzen zu erkennen sei.

Unter sozialer Intelligenz versteht man ...

Unter emotionaler Intelligenz versteht man ...

2 *Markiere unbekannte oder schwierige Wörter im Text.*
a) Erkläre in eigenen Worten …

TIPP
In Sachtexten werden oft **Fachbegriffe** verwendet, z. B. um Sachverhalte präzise zu beschreiben.
Um diese Begriffe klären zu können, solltest du zum einen den Textzusammenhang, in dem sie verwendet werden, genau ansehen oder auch Wörterbücher benutzen.

- „transformiert“ (Z. 5):
- Anstieg des „globalen Wettbewerbs“ (Z. 28):

b) Kläre weitere Ausdrücke, die dir unbekannt sind oder die dir schwierig erscheinen.

3 *Untersuche den argumentativen Aufbau des Textes.*
a) Gliedere dazu den Text in Sinnabschnitte und markiere Schlüsselwörter.
b) Verdeutliche den Aufbau der Argumentation mit Hilfe der Begriffe aus dem Wortspeicher. Nutze die Randspalte.

Wortspeicher
These Problem Grund/Ursache
Folge Lösung Beispiel

c) Welche Gründe für die Entwicklung der Jugendlichen führt Goleman an? Notiere Stichpunkte oder kurze Sätze.

a) ______________________________

b) ______________________________

c) ______________________________

d) ______________________________

d) Mache dir Notizen dazu, für wie überzeugend du die Argumentation hältst. Prüfe zum Beispiel, ob die Argumente durch viele Beispiele veranschaulicht werden, wie aussagekräftig sie sind oder ob der Aufbau des Textes allgemein logisch und stringent ist.

TIPP

Wenn man einen Text analysiert, sollte man **auf eventuelle Schwachstellen oder besondere Stärken achten**, auf die man bei der eigenen Argumentation Bezug nehmen kann, zum Beispiel:

- Auf **welche Belege** stützt der Autor seine Argumente und wie zuverlässig sind diese? Begründet er seine These z. B. durch **persönliche subjektive Urteile** oder nennt er **Fakten und Expertenmeinungen**, um die Leser zu überzeugen?
- Welche **Sprache** verwendet der Autor?
- Wie stark ist er selbst von seiner These überzeugt?

____

____

____

4 *Untersuche die Sprache des Autors.*

a) Sammle Ausdrücke, die erkennen lassen, dass der Autor nicht nur sachlich informiert, sondern dass er die Entwicklung auch bewertet.

Der Autor verwendet ...	**an Stelle des sachlichen Ausdrucks ...**
auf verheerende Weise (Z. 4–5)	sehr stark

b) Überlege unter Berücksichtigung deiner Sprachanalyse, welche Position Goleman einnimmt und wen er möglicherweise für die Entwicklung verantwortlich macht.

____

____

____

5 *Wie überzeugt ist Daniel Goleman deiner Meinung nach selbst von seiner These? Kreuze den Satzanfang an, dem du zustimmst, und setze ihn unten fort.*

- [ ] a) Er ist sehr überzeugt von seiner These, denn ...
- [ ] b) Er glaubt an seine These, obwohl ...
- [ ] c) Er formuliert in dem Text lediglich eine vage Vermutung, da ...

____

____

Die eigene Meinung bilden – sich zum Text positionieren

6 *Greife die in der Aufgabe 3 c) von Seite 21 gesammelten Argumente des Autors auf und überlege, welche eigenen Erfahrungen dir dazu einfallen. Notiere deine Ergebnisse.*
***Tipp**: Deine Erfahrungen müssen die Argumente des Autors nicht stützen, sondern können sie auch widerlegen.*

Argumente des Autors	Eigene Meinung, Erfahrungen
1. Durch den Anstieg des globalen Wettbewerbs arbeiten Eltern länger und haben weniger Zeit für die Betreuung ihrer Kinder.	Meine Großeltern erzählen häufig, dass sie früher viel mehr arbeiten mussten, als man heute arbeitet. Durch den technischen Fortschritt wird die Arbeit doch erleichtert ...
2.	
3.	
4.	

7 *Entscheide, inwiefern du dem Autor zustimmst. Kreuze an.*

- [ ] **Ja,** ich stimme dem Autor voll und ganz zu und werde seine These mit eigenen Argumenten und Beispielen untermauern.
- [ ] **Ja,** ich stimme ihm grundsätzlich zu, werde manche seiner Argumente jedoch kritisieren.
- [ ] **Nein,** ich denke, dass die oben genannte These des Autors nicht stimmt, und werde im zweiten Teil meiner Analyse Argumente anführen, die meine Gegenthese stützen, welche lautet:

____

____

8 *Wiederhole in eigenen Worten, wie du im zweiten Teil deiner Arbeit vorgehen wirst. Verwende dabei die Begriffe aus dem Wortspeicher.*

Wortspeicher

begründen   eigene Argumente   Thesen des Autors

9 *Formuliere mit Hilfe deiner Ideen aus der Aufgabe 6 von Seite 22 Argumente und Beispiele, welche die Meinung des Autors stützen, ergänzen oder sie widerlegen. Beziehe dich dabei jeweils auf eines der vier Argumente Golemans.*

TIPP

In deiner Stellungnahme setzt du dich kritisch mit den einzelnen Argumenten des Autors auseinander.

- Entweder du **bekräftigst** ein Argument, indem du es paraphrasierst und mit eigenen Erfahrungen und Beispielen untermauerst,
- oder du kritisierst es, indem du einerseits zustimmst, das Argument aber für unvollständig hältst und **ergänzt**.
- Die dritte Möglichkeit besteht darin, **Gegenargumente** zu formulieren.

1

→ Deine Reaktion (z. B. Paraphrase oder Gegenargument):

Veranschaulichung durch Beispiele:

2

→ Deine Reaktion:

Veranschaulichung durch Beispiele:

3

→ Deine Reaktion:

Veranschaulichung durch Beispiele:

4

→ Deine Reaktion:

Veranschaulichung durch Beispiele:

C Übungen

TIPP

In der Zusammenfassung werden die **Kerngedanken** des Autors präzise auf den Punkt gebracht, dazu verwendest du das **Präsens.**

1 *Hier siehst du einen Ausschnitt aus Dennis' Zusammenfassung des Textes, die jedoch zu umfangreich und an manchen Stellen nicht präzise genug ist.*
Streiche die überflüssigen Stellen und verbessere unklare Aussagen in der Randspalte. Achte auch auf das Tempus.

In dem ~~recht knappen und etwas oberflächigen~~ Text wird die Frage nach dem Rückgang (emotionaler Kompetenzen) von Jugendlichen behandelt. Der amerikanische Psychologe Daniel Goleman vertritt die These, dass die Kinder heutzutage als unfreiwillige Opfer des technischen und wirtschaftlichen Fortschritts, zum Beispiel in Form des Anstiegs des globalen Wettbewerbs oder der Zunahme an technischen Neuerungen, wie Computer, zu sehen sind.
Verschlossenheit, Kriminalität, Unkonzentriertheit, Fahrigkeit, Aggressivität, Ängstlichkeit, Depressivität und viele andere Eigenschaften wurden als Zeichen für den bestürzenden Verfall der emotionalen und sozialen Kompetenzen der Kinder Mitte der 1980er Jahre in einer empirischen Untersuchung von Thomas Achenbach an der Universität in Vermont festgestellt, an der mehr als 3 000 Schüler teilgenommen haben.
Insgesamt gab der Autor viele Gründe für die traurige Negativentwicklung an: Neben der Tatsache, dass Eltern keine Zeit mehr für ihre Kinder haben, müssen diese einen Großteil der Freizeit mit durchorganisierten Aktivitäten verbringen, anstatt sich frei entfalten zu können. Außerdem ...

Randspalte: emotionaler und sozialer Intelligenz

2 *Rafael hat zu einem Argument Golemans Stellung genommen. Auf diese Weise überzeugt er jedoch niemanden. Was ist an seinem Schreibstil zu kritisieren? Schreibe auf, was Rafael falsch macht, und verbessere seinen Text.*

Rafael:

Ich finde, das stimmt gar nicht. Ich bin doch nicht brutal, nur weil ich gerne Computer spiele. Ich kann mit Katzen hervorragend umgehen.

Rafael macht den Fehler: ... ______

Verbesserte Version: Meiner Meinung nach ... ______

3 *Formuliere die folgenden Textstellen so um, dass sie sachlich klingen und von einem erwachsenen Leser ernst genommen werden. Achte dabei auch darauf, dass die Sätze inhaltlich logisch miteinander verknüpft sind und zum Thema passen.*
Die Ausdrücke und Wendungen im Wortspeicher können dir dabei helfen.

a) Ich lerne auch, mich sozial zu verhalten, wenn ich ins Training gehe.
Es ist Quatsch zu sagen, dass ein vollgepackter Terminkalender mich daran hindert, zu lernen, wie man mit Menschen umgeht. Ich trainiere die Jüngsten im Verein!!

Wortspeicher

woraufhin daher
auf Grund (von/des)
in Zusammenhang mit
Gleichzeitig muss gesehen werden, dass ...
darüber hinaus
Es will auch beachtet sein, dass ...
weil obwohl sodass

b) Ich finde es auch schade, dass meine Oma so weit weg wohnt. Klar wäre es für meine Eltern einfacher gewesen, wenn die Möglichkeit bestanden hätte, dass sie auf mich aufpasst. Aber da sie so gut kocht, wäre ich auf der anderen Seite wahrscheinlich dick geworden.

c) Der Autor hat Recht, wenn er sagt, dass in vielen Familien heutzutage beide Elternteile arbeiten gehen. Dies ist notwendig, um den Kindern eine Ausbildung finanzieren zu können. Zum Beispiel muss man heute ja schon echt viel Geld für ein Studium hinlegen.

4 *a) Hier hat Martina zu Golemans erstem Argument Stellung genommen. Mache dir in der Randspalte Notizen, was du an ihrem Text gelungen findest.*

... Der Behauptung, dass es durch den globalen Anstieg der Weltwirtschaft dazu komme, dass Eltern immer länger arbeiten müssten und daher immer weniger Zeit für ihre Kinder hätten, kann ich nur bedingt zustimmen.
Es sollte dabei bedacht werden, dass die Menschen früher genauso viel arbeiten mussten, denn in vielen Bereichen der Wirtschaft hat die Technik Arbeitsprozesse heute vereinfacht. Ich denke, dass es oft die eigene Entscheidung der Eltern ist, ihre Karriere in den Vordergrund zu stellen und sich weniger Zeit für die Betreuung ihrer Kinder zu nehmen.
Der Tatsache, dass Kinder darunter leiden, dass ihre Eltern wenig Zeit haben, stimme ich also generell zu, die Ursachen hierfür sehe ich jedoch nicht im technischen und wirtschaftlichen Fortschritt ...

b) Wähle ein weiteres Argument des Autors aus und nimm dazu Stellung – um es zu stützen oder um es zu widerlegen. Die Formulierungsbausteine aus dem Wortspeicher helfen dir.

Wortspeicher

Auch wenn ..., muss auch gesehen werden, dass ... Dies kann auch dadurch unterstützt werden, dass ...
Darüber hinaus kann gesehen werden ... Ich gebe aber zu bedenken, dass ... Hinzu kommt ... Erinnert sei auch an ...

D Einen Schreibplan erstellen

1 *Bevor du zu schreiben beginnst, brauchst du ein geordnetes Konzept. Gliedere deine textgebundene Erörterung mit Hilfe des folgenden Musters. Mache dir zu jedem Abschnitt Notizen in Form von Stichpunkten oder kurzen Sätzen.*

Einleitung – die Hinführung zur Thematik

- □ Autor/in, Titel des Textes, Thema, Textart, Erscheinungsjahr, eventuell Zeitschrift oder Zeitung, in welcher der Text erschienen ist:

- □ gegebenenfalls der aktuelle Bezug des Themas, um das Leserinteresse zu wecken:

Hauptteil (1) – Analyse des Textes

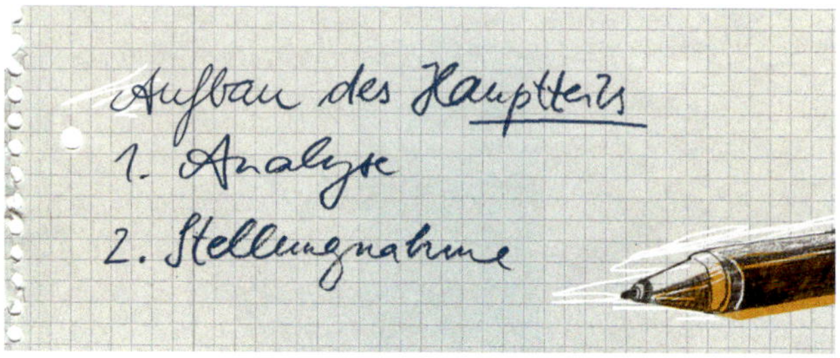

- □ knappe Zusammenfassung der Kerngedanken:

- □ Argumentationsgang und sprachliche Besonderheiten:

- □ ein Satz als Überleitung zur Stellungnahme:

Hauptteil (2) – die Stellungnahme

□ Argumente und Beispiele:

TIPP

Ordne deine Argumente so an, dass die aussagekräftigsten zum Schluss genannt werden.

Schluss

□ Zusammenfassung der eigenen Position und der wichtigsten Argumente:

□ Aufforderung oder Ausblick auf verwandte Themen als Abrundung des Gedankengangs:

2 *Schreibe die textgebundene Erörterung in dein Heft.*

E Den eigenen Text überarbeiten

1 *Überprüfe deine Erörterung mit Hilfe der Checkliste. Überarbeite die Stellen, an denen du ⊖ angekreuzt hast.*

☑ Checkliste

	⊕	⊖
Aufbau		
□ Ich habe Autor, Textart, Titel, Ort und Datum der Veröffentlichung in der Einleitung genannt.	□	□
□ Mein Hauptteil ist in zwei Teile gegliedert: die Analyse und die Stellungnahme.	□	□
□ Am Schluss habe ich noch einmal meine Position klar genannt, die wesentlichen Argumente zusammengefasst und das Thema abgerundet, z. B. durch einen Ausblick oder eine Aufforderung.	□	□
Analyse und Stellungnahme		
□ Ich habe die Kerngedanken knapp zusammengefasst und den Argumentationsgang aufgezeigt.	□	□
□ Ich habe die Sprache des Textes untersucht, z. B. ob er in einem eher sachlichen oder in einem subjektiven Stil verfasst wurde und ob er viele rhetorische Mittel enthält.	□	□
□ Im zweiten Teil des Hauptteils habe ich selbst Stellung zu den Argumenten genommen.	□	□
□ Ich habe mich klar positioniert und Argumente gefunden, die meine Einstellung stützen.	□	□
Sprachlich-formale Aspekte		
□ Ich habe meinen Text sachlich verfasst und umgangssprachliche Ausdrücke sowie Wortwiederholungen vermieden.	□	□
□ Ich habe die Zeichensetzung und die Rechtschreibung überprüft.	□	□

4 Virtuelle Welten – ein Dossier auswerten und einen Essay verfassen

Aufgabenstellung

Verfasse einen Essay zum Thema „Warum immer mehr Menschen gern in virtuelle Welten abtauchen", in welchem auch deine eigene Haltung zu erkennen ist. In dem folgenden Dossier findest du Informationen, die du dabei verwenden kannst.

Die bekannteste Nachahmung einer virtuellen Welt im Internet heißt *Second Life.*

M1

Second Life (deutsch: zweites Leben, von Teilnehmern kurz „SL" genannt) ist eine Online-3D-Infrastruktur für von Benutzern gestaltete virtuelle Welten, in der Menschen durch Avatare interagieren, spielen, Handel betreiben und anderweitig kommunizieren können.
Das seit 2003 online verfügbare System existiert in einer großen Serverfarm, die vom Gründer Linden Lab betrieben wird. *Second Life* hat inzwischen mehr als elf Millionen registrierte Benutzerkonten, über die rund um die Uhr weltweit meist 40 000 bis 60 000 Nutzer gleichzeitig in das System eingeloggt sind. Im Oktober 2006 erreichte die „Bevölkerung" von *Second Life* den einmillionsten Bewohner. Nur acht Wochen später hatte sich die Anzahl auf zwei Millionen verdoppelt. 2008 wurden gut 15,5 Millionen Bewohner erreicht.
Den Bewohnern von *Second Life* werden Werkzeuge zur Verfügung gestellt, um ihre Avatare zu gestalten und Objekte zu erschaffen. Die Kommunikation zwischen den Bewohnern erfolgt über öffentliche oder private Chats und ist neuerdings auch mündlich möglich.

Wikipedia

M2

Die Nutzung von *Second Life*

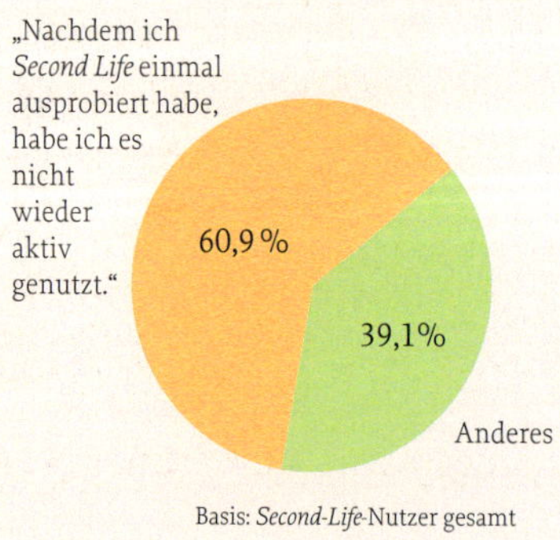

Basis: *Second-Life*-Nutzer gesamt

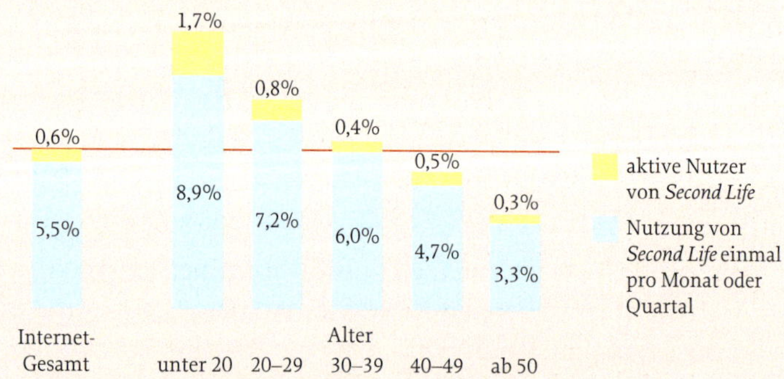

Basis: Internet-Gesamtnutzerschaft; 25. WWW-Benutzer-Analyse-W3B

- **Erhöhter Männeranteil:**
  Mit 56 % liegt der Anteil der Männer unter den aktiven *Second-Life*-Nutzern um drei Prozentpunkte höher als im Internet-Durchschnitt.

- **Junge Nutzergruppe:**
  Jeder zweite aktive *Second-Life*-Nutzer ist unter 30 Jahre alt (in der Internet-Gesamtnutzerschaft ist es ca. ein Drittel).

- **Weniger Berufstätige:**
  Der Anteil der Schüler/Auszubildenden (14 %) ist fast doppelt so hoch wie im Internet-Durchschnitt. Dagegen fällt die Gruppe der Berufstätigen etwas kleiner aus.

Fittkau & Maaß Consulting, 2008

M3

Michael Stein

Second Life – Parallelwelt im Computer

Den Gedanken haben wahrscheinlich schon viele von uns irgendwann einmal gehabt: Man müsste seinem realen Leben irgendwie entkommen, es hinter sich lassen und noch einmal von vorne anfangen können. Und diese Möglichkeit gibt es – im Internet. Natürlich nicht wirklich. *Second Life*, also „zweites Leben", heißt das Onlinespiel, bei dem es aber so real zugeht, dass manche Spieler beim Spielen schon mal die Realität um sich herum vergessen. Es handelt sich bei *Second Life* um eine Art Parallelwelt, in die der Spieler eintauchen kann. Diese Welt existiert allerdings nur im Computer, in einem ganzen Netz von Computern, um genau zu sein.
Als Erstes lädt sich der Spieler ein Programm kostenlos aus dem Internet und installiert es auf dem eigenen Computer. Nach dem Start des Programmes loggt sich dieses bei bestehender Internetverbindung in das *Second-Life*-Netzwerk ein.
Nun kann der Spieler seine Spielfigur, seinen so genannten „Avatar", kreieren. Diese Figur ist dann gewissermaßen die eigene Identität in der Welt von *Second Life*. Männlich oder weiblich, dünn, dick, muskulös oder eher hager, Form des Kinns, der Beine, Kleidung, Haarfarbe, Größe – jedes Detail kann frei eingestellt werden. Und auch einen neuen Namen bekommt man natürlich verpasst.
Fertig? Alles lässt sich später auch noch ändern und ergänzen. Mit einem Sprung geht's hinein in die virtuelle Welt. Mit der Computertastatur lässt sich der Avatar nun durch das neue Leben lenken. Die Figur kann gehen, laufen und – fliegen! Und dabei begegnet sie anderen Spielern. Mehr als 10 000 der insgesamt über 1,8 Millionen Spieler sind in aller Regel online. Man kommuniziert mit den anderen wie beim Chatten per Tastatur. Und das Besondere an *Second Life* ist, dass die Grenzen zwischen realer und virtueller Welt fließend sind.
In *Second Life* gibt es eine eigene Währung, den „Linden Dollar". [...] Damit das eigene Konto aber immer mit Linden Dollar aufgefüllt ist, muss man es mit Hilfe seiner echten, ganz realen Kreditkarte füttern. Und da beginnt *Second Life* für manche Spieler gefährlich zu werden.
Es soll nämlich bereits Spieler geben, die ihren realen Beruf aufgegeben haben, um in der virtuellen Welt von *Second Life* mit dem Verkauf von Grundstücken oder Sonnenbrillen Geld zu verdienen. Schnell hat da jemand den Bezug zur Realität verloren.

Südwestrundfunk, 2006

M4

Virtuelle Affäre in *Second Life* kostet Briten seine Ehe

Eine Affäre in der virtuellen Welt von *Second Life* hat einen Briten im echten Leben seine Ehe gekostet. Amy Taylor reichte die Scheidung ein, nachdem sie ihren Gatten im Netz auf frischer Tat ertappt hatte, wie die Zeitung *The Times* am Freitag berichtete. Taylor hatte ihren Mann David Pollard im Mai 2003 in der Internetparallelwelt von *Second Life* kennen gelernt, sechs Monate später zog sie bei ihm ein. Laut Taylor ist ihr Nochehemann inzwischen mit der Frau zusammen, mit der er seine Onlineaffäre hatte – obwohl er sie noch nie gesehen hat. Taylor selbst hat ebenfalls eine neue Beziehung mit einem Mann, den

sie durch das Onlinerollenspiel *World of Warcraft* kennen gelernt hatte.

Der Tagesspiegel, 15.11.2008

M5

In fremden Welten kann man richtig abtauchen – Interview mit Petra (16) und Markus (17)

Petra, du besuchst Second Life *regelmäßig. Laut Statistiken ist das für Mädchen eher ungewöhnlich.*
Petra: Für mich ist *Second Life* wie Chatten. Ich treffe dort Leute und unterhalte mich. Geld habe ich dort noch nie ausgegeben.
Was fasziniert dich an dieser virtuellen Welt?
Petra: Ich finde es toll, wenn man herumlaufen kann, machen kann, was man will, und alles irgendwie wirklich ist und gleichzeitig auch nicht.
Markus, auch du hältst dich oft dort auf. Warum?
Markus: Mir geht es wie Petra. Ich treffe dort Leute, mit denen ich mich dann auch zum Onlinespielen

verabrede. Mich fasziniert, dass man dort Informationen finden kann, handeln kann und schon einmal das Geldverdienen üben kann.

Darfst du in Second Life *Geld ausgeben und verdienen?*

Markus: Eigentlich nicht. Für Jugendliche gibt es das so genannte TeenGrid mit eigenen Regeln. Aber mein großer Bruder hat sich mit seiner Kreditkarte im Erwachsenenbereich angemeldet und wir haben dort einen gemeinsamen Avatar. Solange ich sein Geld nicht verjuble, sondern etwas verdiene, hat er nichts dagegen.

(Markus lacht)

Petra: So etwas reizt mich gar nicht. Mir geht es nur um das Treffen von anderen, nicht um Handeln und so. Dann nimmt man das ganze viel zu ernst.

Lest ihr auch gerne Fantasy-Bücher? Dort geht es ja auch um andere Welten.

Petra: Ja, die lese ich sehr gerne. Wenn ich z. B. *Harry Potter* lese, dann tauche ich in diese Fantasiewelt ab. Mir gefällt, dass diese Welten so durchdacht und vollständig sind. Dort gibt es irgendwie alles, was es für eine richtige Welt braucht, samt Schule, Sportarten, Läden und so weiter. Da kann man richtig abtauchen. Wenn man dann fertig ist, dann ist man traurig, dass man die Welt wieder verlassen muss. Ich habe mich immer sehr auf den nächsten Band gefreut.

Markus: Ich schaue mir lieber die Filme an. Es reicht mir, was ich für die Schule lesen muss. Aber Fantasy-Rollenspiele mag ich, gerade wegen dem, was Petra beschrieben hat.

Petra: Bei Büchern bekommt man aber viel mehr mit, was die Figuren denken und fühlen. Das Erlebnis, mit ihnen herumzuziehen, ist so spannend. Am Ende des Buches kennt man sie wie gute Freunde.

Markus: Dafür bieten Spiele mehr Action.

Ich danke euch beiden für das Gespräch.

A Die Aufgabe verstehen

1 *Lies den folgenden Tippkasten zur Textsorte Essay und markiere wichtige Informationen, z. B. mit einem Textmarker.*

TIPP

Der Essay

Im Essay (engl., abgeleitet vom franz.: *essai* = Versuch) nähert sich der Verfasser einem Thema locker von verschiedenen Seiten: Er „versucht“ unterschiedliche Herangehensweisen an das Thema.
Die Darstellung ist dabei betont subjektiv. Die Gedankengänge werden häufig in einer assoziativen und sprunghaften Art dargestellt. Der Autor kann unterschiedliche Denkmöglichkeiten durchspielen und darstellen, wie sich seine Haltung zu einem Thema entwickelt hat. Daher gilt der Essay als offene Textsorte. Es geht nicht um konkrete Ergebnisse, sondern darum, dass der Leser Denkanstöße erhält.
Themen sind häufig Fragen aus dem gesellschaftlichen oder kulturellen Bereich, die provokant aufgegriffen werden. Sprachlich sind Essays meist sehr anspruchsvoll verfasst, das heißt, dass viele rhetorische Mittel eingesetzt werden.

2 *Kreuze mit Hilfe der Informationen aus dem Tippkasten an, welche Aussagen auf die Aufgabenstellung zutreffen.*

- ☐ a) Ich muss alle Informationen des Dossiers zusammenfassen und in eine sinnvolle Reihenfolge bringen.
- ☐ b) Ich kann aus dem Dossier die Informationen übernehmen, die zum Thema meines Essays passen.
- ☐ c) Ich muss ein übergreifendes Thema für alle Materialien formulieren können.
- ☐ d) Meine Einstellung zum Thema „Virtuelle Welten“ wird in meinem Essay deutlich.
- ☐ e) Beim Verfassen meines Essays brauche ich keinen so starren Aufbau einzuhalten, wie z. B. bei einer Pro-und-Kontra-Erörterung.
- ☐ f) Ich nehme in meinem Essay zu jedem Text und zu jeder Grafik des Dossiers Stellung.
- ☐ g) Ich achte darauf, beim Formulieren des Essays eigene Gedankengänge darzulegen.
- ☐ h) Ich achte beim Verfassen meines Essays auf einen sachlichen Stil.
- ☐ i) In meinem Essay kann ich eigene Wertungen und Erfahrungen zu dem Thema darlegen und den Leser auch zum Nachdenken anregen.

B Materialien sammeln und ordnen

1 *Lege eine Mind-Map zum Thema „Virtuelle Welten" an. Du kannst dich dabei von den folgenden Fragen leiten lassen.*

TIPP

In einem Essay muss ein Thema nicht erschöpfend und systematisch behandelt werden. Meist wird es unter anderem in einen größeren Zusammenhang gestellt, der über den konkreten Anlass hinausgeht.

Mögliche Fragen

Was kam dir beim Thema „Virtuelle Welten" als Erstes in den Sinn?

Welche Anreize siehst du?

Welche Gefahren sind zu befürchten?

Wie werden sich virtuelle Welten vielleicht in Zukunft entwickeln?

Welche allgemeinen Informationen zu virtuellen Welten hast du (z. B. Nutzer, Technik etc.)?

Welche eigenen Erfahrungen hast du mit virtuellen Welten oder Fantasiewelten?

Welche Beispiele kennst du?

Gibt es einen Zusammenhang zwischen dem Thema „Abtauchen in virtuelle Welten" und einer allgemeinen (gesellschaftlichen) Thematik?

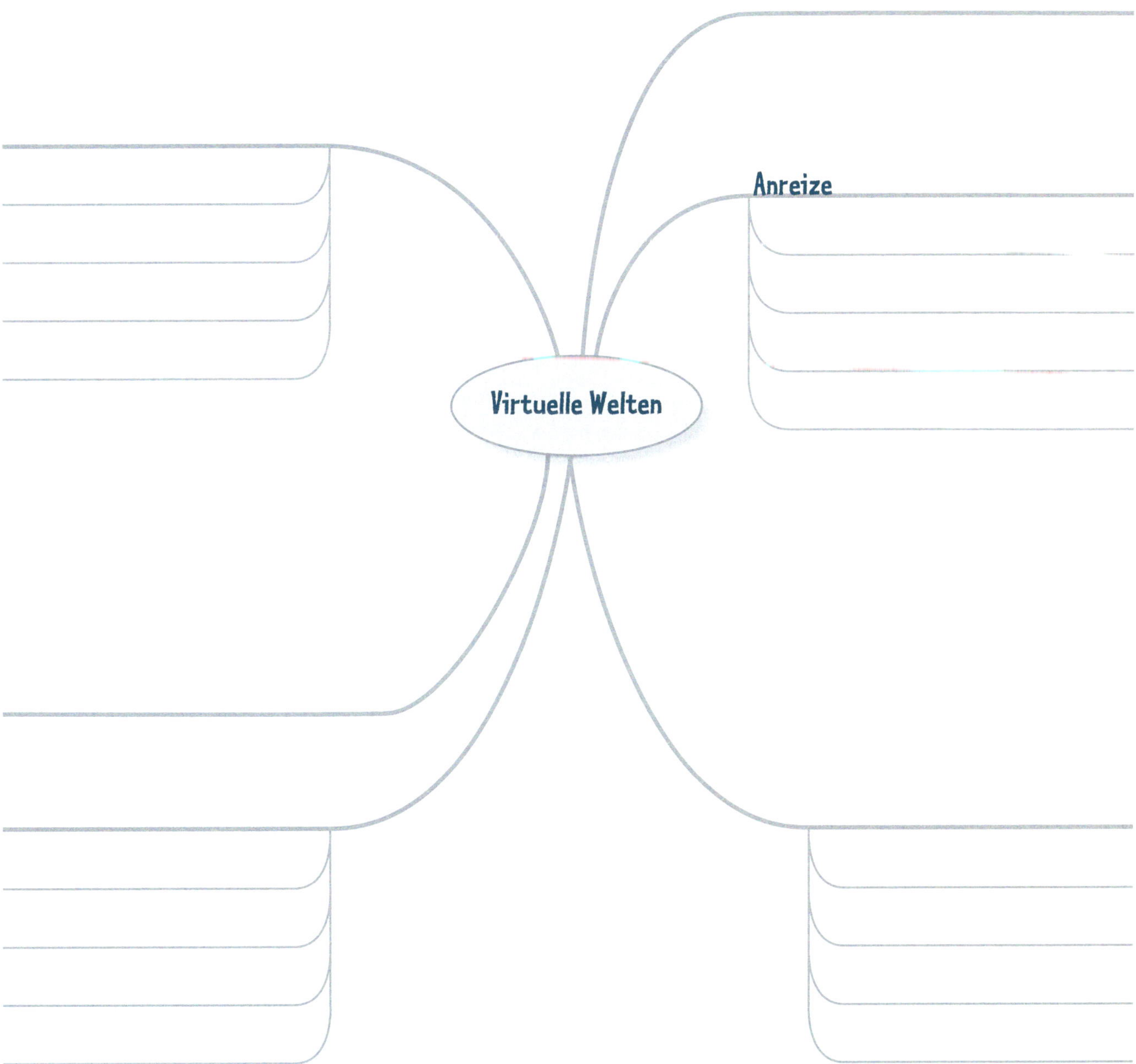

Das Dossier auswerten

2 *Werte die Texte und Grafiken M1 bis M5 aus. Hilfe dazu findest du auf der ▷ Umschlagseite U3.*

3 *a) Erkläre die Begriffe a) bis d), die aus dem Dossier stammen.*

TIPP

Ein wichtiger Aspekt bei der Auswertung von Informationen ist das **Klären von Fremdwörtern, Fachbegriffen** und anderen dir **unbekannten Wörtern.**

a) Account: Englischer Begriff (eigentlich Konto), mit dem die Zugangsberechtigung zu Internetplattformen bezeichnet wird. Hier werden persönliche Daten (z. B. Passwörter) und Fortschritte innerhalb des Spiels gespeichert.

b) Avatar: ______________________________

____

c) *World of Warcraft*: ______________________________

____

d) Linden Dollar: ______________________________

____

b) Gibt es noch weitere Ausdrücke, die dir wichtig erscheinen und die du genau klären solltest? Mache dir Notizen.

____

____

4 *Charlotte hatte nicht so viele eigene Ideen. Sie hat sich folgende Aspekte aus dem Dossier herausgeschrieben.*
a) Prüfe, ob ihre Notizen so stimmen. Notiere + oder –.
b) Halte auch fest, aus welchem Text die korrekten Informationen jeweils stammen.

TIPP

In Essays können auch fachwissenschaftliche Informationen zum Thema eingebracht werden.
Wenn du Informationen aus fremden Texten in deinen Essay übernimmst, solltest du darauf achten, die **Informationen inhaltlich korrekt wiederzugeben**. Regeln zum Zitieren findest du auf der ▷ Umschlagseite U5.

Informationen	+/–	**Quelle**
a) Die Zahl der Nutzer von *Second Life* steigt seit Jahren stetig an.		
b) Über zwei Drittel der Besucher kommen nach dem ersten Besuch nicht wieder in die Welt von *Second Life*.		
c) Der Jugendschutz bei *Second Life* ist leicht zu umgehen.		
d) In *Second Life* ist es nur möglich, einen Avatar pro Person zu erstellen.		
e) In *Second Life* kann man durch Handel mit virtuellen Dingen Geld verdienen.		
f) Ereignisse und Erlebnisse in virtuellen Welten können konkrete Auswirkungen auf die reale Welt haben.		
g) Laut Petra bietet *Second Life* ein intensiveres Erlebnis als Bücher.		
h) Die Mehrzahl der Nutzer von *Second Life* sind Berufstätige, die abends entspannen wollen.		

5 *Prüfe, ob du einige der Informationen aus den Texten und Grafiken M1 bis M5 in deine Sammlung auf der Seite 31 übernehmen möchtest. Ergänze deine Mind-Map gegebenenfalls.*

C Übungen

Sprachliche Gestaltungsmittel einsetzen

1 *Karl hat sich in seinem Essay bemüht, eine besonders bildhafte Sprache zu verwenden.*
a) Unterstreiche die Stilmittel, die er verwendet, und benenne sie in der Randspalte. Welche findest du besonders passend?
b) An drei Stellen ist ihm der Gebrauch von bildlicher Sprache misslungen, da er sehr stark übertrieben hat. Markiere diese Beispiele.

TIPP
Die ansprechende **sprachliche Gestaltung** ist ein wesentliches Merkmal der Textsorte Essay. Häufig verwenden Verfasser von Essays rhetorische Stilmittel (▷ Umschlagseite U5), um ihre subjektive Wertung auszudrücken und um den Text anschaulich zu gestalten.

... Wenn ich an einem Samstagabend als mein Avatar „Gregor the Great" in der virtuellen Hängematte liege und mir meine Ziele für die Zukunft, das heißt die Eroberung der Weltherrschaft, durch den Kopf ziehen lasse, dann komme ich angesichts meiner Omnipotenz schon ins Schwärmen. Gestern noch eine Mathearbeit verhauen, heute schon der Herrscher über eine Galaxie im Internet.

Antithese, Ellipse (Auslassung von Personalpronomen und finitem Verb)

Millionen williger Helfershelfer liegen mir zu Füßen und ich klopfe mir auf die samtbehangene Schulter. Das Virtuelle, sage ich mir, ist doch was Schönes! Es ist das Erdbeereis an einem heißen, sonnendurchfluteten Sommertag voll Vogelgezwitscher. Ich danke meinem Avatar für seine Treue. Schoßhundgleich steht er in guten wie in schlechten Zeiten neben mir – ja für mich. Manchmal bedaure ich, dass wir nicht noch mehr Zeit miteinander verbringen können.
Schulstunden liegen wie eine dunkle Unwetterwolke mit drohenden Donnerschlägen zwischen mir und dem Wiedersehen mit meinem Avatar. Sekunden ziehen sich zäh wie Kaugummis. Jede Frage des Lehrers ist ein Affront gegen meine Leidenschaft, eine Leidenschaft voller hingebungsvoller Glut, tausendfach gebrochenen Herzen und tränengetränkten Kopfkissen. Die Schulglocke erlöst mich, die virtuelle Realität hat mich bald wieder ...

2 *Formuliere die folgenden Aussagen zu Vergleichen oder Metaphern um, schreibe übertrieben oder ironisch, um die Aussagen anschaulich und lebendig zu gestalten.*

TIPP
Bei **Metaphern** werden Vorstellungen aus einem Bildbereich (Bildspender) auf den Begriff, der beschrieben werden soll, übertragen. Oft wird dabei ein abstrakter Begriff veranschaulicht, z. B.:
Bildspender: *Mauer* → Empfänger: *Schweigen* → *„Mauer des Schweigens"*
konkret, undurchdringlich — abstrakt

a) Ich persönlich finde *Second Life* langweilig.

→ **Vergleich:** Ich persönlich finde **Second Life** so langweilig **wie einen Besuch zum Kaffeetrinken bei meiner Oma.**
→ **Ironie:** Die gesamte Freizeit, die mir nach der Schule bleibt, in einem muffigen Raum vor dem Bildschirm zu verbringen, **ist unglaublich sinnvoll!**

b) Sich in Fantasiewelten zu begeben, ist spannend.

→ **Vergleich:** Sich in Fantasiewelten zu begeben **ist, als ob ...** ____

c) Einige Menschen werden süchtig nach der virtuellen Welt.

d) *Second Life* mit Fantasy-Büchern zu vergleichen ist nicht wirklich möglich.

e) Bücher regen dazu an, sich in die Figuren einzufühlen.

3 *Katja hat versucht darzulegen, wie sich ihre Einstellung zum Thema „Virtuelle Welten" verändert hat.*

TIPP

Der **Prozess der Meinungsbildung** und die **Reflexion der eigenen Position** kann selbst Gegenstand eines Essays sein. Du solltest in einem Essay also zeigen, wie du zu einer bestimmten Einstellung gelangt bist.

a) Lies dir durch, wie Katja die Entwicklung ihrer Position verdeutlicht hat.

Katja dachte zuerst:		Dann hat sie gemerkt, dass sie die		Ihr Standpunkt heute:
Katja dachte zuerst: In virtuellen Welten kann man leicht Leute kennen lernen.	→	Dann hat sie gemerkt, dass sie die „Freunde" bei *SL* eigentlich gar nicht kennt, nicht weiß, wer dahintersteckt.	→	Ihr Standpunkt heute: Virtuelle Welten sind nicht geeignet, um Freunde zu finden, denn so bleiben Probleme der realen Welt bestehen.

In einer virtuellen Welt wie SL ist irgendwie alles viel leichter, dachte ich früher, ein „Mauerblümchen" mit Schwierigkeiten, auf Leute zuzugehen. Da kommt das Internet wie gerufen, es vermittelt dir in deinen eigenen vier Wänden das Gefühl von Sicherheit, lässt dich Ängste vergessen, schafft Anonymität, ist unverbindlich. Schon blüht das Mauerblümchen auf. Bis ich schließlich anfing, mich zu fragen, ob die „Freunde", die ich nun gewonnen hatte, genauso wenig sie selbst sind, wie ich es in dieser Welt bin, und ob das dann die Art von Freundschaft ist, die ich suche. Ich hatte also das Gegenteil von dem erreicht, was ich eigentlich wollte, durch diese Flucht vor der Wirklichkeit habe ich mich nur noch mehr isoliert. Wer Probleme im echten Leben hat, löst diese nicht in virtuellen Welten, sondern dort, wo sie stattfinden.

b) Auch Philipps Einstellung zum Thema „Virtuelle Welten" hat sich verändert. Schreibe aus seiner Sicht einen zusammenhängenden Text.

Philipp dachte zuerst: Über Fantasiewelten mache ich mir eigentlich keine Gedanken.	→	Als *Harry Potter* in Deutschland auf den Markt kam, konnte er die Bände kaum weglegen.	→	Sein Standpunkt heute: In fremde Welten abzutauchen, kann bereichernd und spannend sein.

c) Formuliere einen eigenen Standpunkt zum Thema „Virtuelle Welten" und lege dar, wie du zu deiner Einstellung gelangt bist.

D Einen Schreibplan erstellen

Einen Einstieg finden

1 *Hier findest du drei Vorschläge, wie der Anfang eines Essays zum Thema „Virtuelle Welten" gestaltet sein könnte.*
a) Notiere jeweils darunter, welche Möglichkeit für den Einstieg gewählt wurde.

TIPP

Der Essay hat keine streng vorgegebene Form. Um das Interesse der Leser zu wecken, sollte man eine **überzeugende Einstiegssituation** wählen, z. B. mit
- einem Zitat,
- einer Frage zu dem Thema,
- einer Alltagssituation,
- einem positiven oder negativen Zukunftsszenario (Schreckensszenario) oder
- einer unkommentierten Zusammenstellung unterschiedlicher Beispiele (Assoziationskette).

Ein zweites Leben für alle

Second Life – ein Phänomen erobert die Welt, wenn auch nur die virtuelle. *Second Life* ist eine Plattform im Internet, in der sich virtuelle Figuren steifbeinig, von realen Menschen gesteuert bewegen. Jede Figur steht für einen Besucher dieser Welt. Avatare werden diese Figuren genannt, die über schlecht texturierte Inseln wandern, sich gegenseitig begrüßen und über Computertastaturen miteinander „chatten" ...

→ Hier wurde die Möglichkeit ...

Mein zweites Ich

Ein Bestseller des Jahres 2008 lautete: „Wer bin ich? Und wenn ja, wie viele?" Ja, wie viele bin ich denn? Das frage ich mich schon beim Frühstück, wenn mein eines Ich Marmelade essen will und das andere lieber Leberwurst. Noch anstrengender wird es beim Fernsehen. Dann streiten sich meine Ichs darüber, ob wir Fußball oder doch lieber DSDS anschauen, und mein vom „Zappen" geplagter Daumen wartet stöhnend auf eine Entscheidung. Nun habe ich im Internet endlich die Möglichkeit gefunden, meine vielen Ichs auszuleben. Bei *Second Life* führe ich ein zweites Leben und auch bei *World of Warcraft* lebt sich mein herrschsüchtiger Avatar völlig aus, was ich ihm und mir gönne ...

→ ...

Leben, wie es mir gefällt

Was hätte aus mir nicht alles werden können, wenn ich nicht ich wäre? Statt täglich in der Schule zu schwitzen, hätte ich es eigentlich verdient, reich zu sein, stinkreich. Statt anzuziehen, was meiner Mutter gefällt, sollte ich meine eigene Modelinie entwerfen, vertreiben und natürlich selbst tragen. Überhaupt hätte ich so einige Ideen, in welchen Bahnen mein Leben verlaufen sollte. Zum Glück gibt es im Internet die Möglichkeit, mein Leben noch einmal zu leben und immer wieder neu zu gestalten. Dort war ich schon verheiratet, und als die Ehe mich zu sehr einschränkte, löschte ich diesen Account einfach. Meine Ex sucht mich sicherlich heute noch auf dieser Insel. Dabei läuft mein drittes Ich längst auf einer anderen rum ...

→ ...

b) Wähle den Einstieg aus, der deiner Meinung nach am geeignetsten ist, und setze ihn in ungefähr drei Sätzen fort. Du kannst auch eine eigene neue Einleitung formulieren.

____

____

____

Den Hauptteil des Essays planen

2 *In der Tabelle siehst du drei inhaltliche Bereiche, die in deinem Essay vorkommen sollten.*
a) Ordne die Aspekte aus deiner Ideensammlung ein, die du in deinem Essay ansprechen möchtest.
b) Nummeriere sie, um eine Reihenfolge für den Hauptteil des Essays festzulegen.

TIPP

Ein Essay kann zwar ein **„Gedankenspaziergang“** sein, in dem sprunghaft verschiedene Aspekte eines Themas aufgegriffen werden, dennoch solltest du dir genau überlegen, welche Punkte du an welcher Stelle anführen willst.
Bei der **Anordnung der Aspekte** gilt es zu bedenken, dass dein Essay einen **„roten Faden“**, also einen logischen Gedankengang aufweisen sollte.

Eingliederung in eine allgemeine (gesellschaftliche) Problematik:	(Hintergund-)Informationen und Fakten zum Thema:	Eigene subjektive Wertungen und Erfahrungen:
☐ ____	☐ ____	☐ ____
____	____	____
____	____	____
____	____	____
____	____	____
____	☐ ____	☐ ____
____	____	____
____	____	____
____	____	____
____	____	____
____	☐ ____	☐ ____
____	____	____
____	____	____
____	____	____
____	____	____

Den Schluss planen

3 *Mache dir Notizen für den Abschluss deines Essays.*

TIPP

Da es bei einem Essay – anders als bei einer Erörterung – nicht darum geht, die Leser von einer Einstellung zu überzeugen, sondern Denkanstöße zu geben, musst du im Schluss eines Essays nicht eindeutig Stellung zum Thema nehmen. Wichtig ist aber, dass du das **Thema abrundest**, z. B. durch einen **Ausblick** auf zukünftige **Entwicklungen**, einen **Wunsch** oder eine **Aufforderung**. Du kannst dabei auch versuchen, noch einmal **einen Aspekt aus deiner Einleitung aufzugreifen**, um deinen Essay zu „rahmen".

a) Wie könntest du das Thema abrunden?

____

____

____

b) Welche Aspekte aus deiner Einleitung (siehe Aufgabe D1 Seite 35–36) könntest du noch einmal aufgreifen?

____

____

____

4 *Verfasse nun einen Essay, in den du die gesammelten und gegliederten Informationen, Ideen und Haltungen einfließen lässt.*

E Den eigenen Text überarbeiten

1 *Lies dir deinen Essay nach einer kurzen Pause noch einmal durch und achte dabei vor allem auf die Punkte der folgenden Checkliste. Verbessere die Stellen in deinem Text, die du mit einem ⊖ bewertet hast.*

☑ Checkliste

	⊕	⊖
☐ Die Einstiegssituation in meiner Einleitung weckt das Interesse der Leser.	☐	☐
☐ Ich habe in meinen Essay (Fach-)Informationen, subjektive Wertungen und Erfahrungen zu dem Thema eingebracht.	☐	☐
☐ Ich habe meine eigene Position zum Ausdruck gebracht.	☐	☐
☐ Die Reihenfolge der angeführten Punkte ist sinnvoll und nachvollziehbar.	☐	☐
☐ Die Übergänge zwischen den verschiedenen Aspekten sind logisch und sprachlich flüssig formuliert.	☐	☐
☐ Durch die Reihenfolge der Informationen und Meinungen lässt sich erkennen, wie sich meine Haltung herausgebildet hat.	☐	☐
☐ Ich habe das Thema abschließend abgerundet.	☐	☐
☐ Mein Essay ist sehr anschaulich geschrieben.	☐	☐
☐ Die Sprache des Essays hat ein gehobenes Niveau und ich habe auch Stilmittel verwendet.	☐	☐
☐ Ich habe Stilmittel nicht übertrieben eingesetzt, sondern kann jeweils sagen, warum ich sie verwendet habe.	☐	☐
☐ Abschließend habe ich meinen Text hinsichtlich der Rechtschreibung und der Zeichensetzung überprüft.	☐	☐

5 *Paul Spiegel:* Es geht um unser Land – eine Rede analysieren

Analysiere die Rede „Es geht um unser Land" von Paul Spiegel.
Konzentriere dich bei deiner Analyse vor allem auf
a) den Argumentationsaufbau und
b) die sprachliche Gestaltung der Rede.
Nimm abschließend zur Aktualität dieser Rede Stellung.

Paul Spiegel[1]

Es geht um unser Land[2] **(2000)**

Heute vor 62 Jahren wurden in ganz Deutschland Synagogen und Gebetshäuser angezündet und geschändet, jüdische Geschäfte und Wohnungen geplündert, es gab zahlreiche Verhaftungen, mindestens 91 Menschen wurden ermordet. Diese Nacht war das offizielle Signal zum größten und schlimmsten Völkermord in der Geschichte der Menschheit. [...] Die Erinnerungen an die Geschehnisse von damals werden spontan gegenwärtig, wenn wir die Bilder der letzten Wochen und Monate sehen: wenn Synagogen angegriffen und geschändet werden, wie etwa in Lübeck, Erfurt, in meiner Heimatstadt Düsseldorf und auch hier in Berlin. Wir sehen voll Zorn und Verbitterung die Bilder, wenn Menschen durch die Straßen gejagt werden, wenn sie öffentlich geschlagen, immer öfter auch getötet werden. Können Sie sich vorstellen, welche Erinnerungen diese Verbrechen in uns Juden auslösen, auslösen müssen? [...]

„Wehret den Anfängen" heißt es oft, wenn es um den Kampf gegen Rechtsextremismus geht. Doch wir sind längst über dieses Stadium hinaus. Was wir fast täglich erleben, hat nichts mehr mit „Anfängen" zu tun. Wir befinden uns bereits mittendrin im Kampf gegen Rechts. Bundeskanzler Schröder forderte vor einigen Wochen einen „Aufstand der Anständigen", er forderte mehr Zivilcourage – aber was bedeutet das konkret und für den Einzelnen? Was kann und muss jeder von uns tun?

Ich bin überzeugt, dass die Mehrheit in diesem Land Rechtsradikalismus, Antisemitismus und Fremdenfeindlichkeit ablehnt. Aber diese Mehrheit darf nicht länger schweigen, sie darf nicht länger wegschauen, sie darf nicht länger die Vorgänge in unserem Land verharmlosen. [...]

Wir erinnern uns heute an die Ereignisse am Abend des 9. November 1938, als die Nazis ihrem Hass auf die Juden für alle sichtbar freien Lauf ließen. Es war eine staatlich gesteuerte Aktion, die sich auf offener Straße abspielte, und das deutsche Volk wurde Zeuge, wie die Menschenrechte und die Menschenwürde im wahrsten Sinne des Wortes mit Füßen getreten wurden. [...] Nur wenige sind Helden. Nur wenige haben den Mut, einzugreifen, wenn sie Zeuge werden, wie Skinheads einen wehrlosen Mann, eine wehrlose Frau und – ja auch das mittlerweile – wehrlose Kinder auf offener Straße überfallen und zusammenschlagen. Aber jeder von uns ist in der Lage, die Polizei zu rufen. Und jeder von uns ist in der Lage, bereits im Kleinen einzuschreiten, in seinem Lebensumfeld. Wenn am Stammtisch abfällige Witze über Juden, Türken, Farbige oder Schwule erzählt werden. Wenn am Arbeitsplatz ein Fremder benachteiligt, schlecht behandelt wird. Reden Sie mit Ihren Freunden und Arbeitskollegen, wenn sie dies tun! Reden Sie mit dem Betriebsrat und demonstrieren Sie somit immer wieder Ihre Opposition! Straßen und Stammtische dürfen nicht dem braunen Pöbel überlassen werden.

Ich freue mich, dass es so viele sind, die der rechtsextremen Gewalt auf unseren Straßen mit dieser Demonstration sagen: „Schluss jetzt! Es ist genug! Wir lassen es uns nicht mehr gefallen, dass hier zu Lande Menschen wieder Angst haben müssen!" [...]
Machen Sie Ihre demokratisch gewählten Politiker mitverantwortlich für das, was hier geschieht. Was nützt es, in einer Sondersitzung des Deutschen Bundestages nach den Attentaten auf die Synagogen in Düsseldorf und Berlin in wohlklingenden Reden den Antisemitismus zu verdammen, wenn einige Politiker am nächsten Tag Worte wählen, die missverstanden werden können? Wenn sie die Zuwanderungsfrage heute aus taktischen Gründen zum Wahlkampfthema machen wollen, von so genannten „nützlichen" und „unnützen" Ausländern faseln. [...]
In Artikel 1 des Grundgesetzes heißt es: „Die Würde des Menschen ist unantastbar. Sie zu schützen, ist die Aufgabe staatlicher Gewalt." Die Würde des Menschen – aller Menschen – ist unantastbar, nicht nur die des mitteleuropäischen Christen!
Wenn dieses Prinzip als deutsche Leitkultur verstanden wird, dann kann ich das nur befürworten. Dann aber möchte ich alle Politiker in die Pflicht nehmen, sie auffordern, ihre populistische Sprache zu zügeln und zunächst einmal dafür zu sorgen, dass dieser Artikel 1 des Grundgesetzes auch umgesetzt und ernst genommen wird. Politik, Justiz und Polizei sind gefordert, alles – wirklich alles! – zu unternehmen, um die Würde aller Menschen in diesem Land zu schützen.
Meine Damen und Herren Politiker: Überlegen Sie, was Sie sagen, und hören Sie auf, verbal zu zündeln! Schützen Sie die Menschen in diesem Land und schaffen Sie Rahmenbedingungen, damit wir alle gemeinsam leben können. Nur so werden Sie allen Bürgern, nicht jüdischen und jüdischen, sich selbst und der ganzen Welt beweisen können, dass dieses Deutschland im Jahr 2000 wirklich eine demokratische Zukunft hat. [...]
Gedenken heißt immer auch Erinnern. Wir in der jüdischen Gemeinschaft haben von Kindheit an gelernt, dass Erinnern ein wichtiger Bestandteil unserer Geschichte ist. Der Talmud[3] sagt: „Das Geheimnis der Erlösung heißt Erinnerung." Wir sind es den Opfern der Shoa[4] schuldig, sie und ihre Leiden niemals zu vergessen! Wer diese Opfer vergisst, tötet sie noch einmal! *Frankfurter Rundschau, 10.11.2000*

1 **Paul Spiegel (1937–2006):** Journalist und Unternehmer, Präsident des Zentralrats der Juden in Deutschland von 2000–2006
2 **Es geht um unser Land:** Anlass der Rede war die Kundgebung „Aufstehen gegen Gewalt" am 9.11.2000, auf der in Berlin 200 000 Teilnehmer friedlich gegen Rechtsradikalismus demonstrierten.
3 **Talmud:** Sammlung der Gesetze und religiösen Überlieferungen des Judentums
4 **Shoa:** die von den Nationalsozialisten betriebene, systematische Massenvernichtung der Juden

A Die Aufgabe verstehen

1 *Kreuze an, welche Aussagen stimmen.*

Ich soll ...

- ☐ a) die Rede untersuchen und meine Ergebnisse zusammenfassen.
- ☐ b) die Intention des Redners erfassen.
- ☐ c) meine eigene Meinung zum Thema Rechtsradikalismus darstellen.
- ☐ d) Thesen, Argumente und Beispiele aus der Rede herausarbeiten.
- ☐ e) die Beeinflussungsstrategien des Redners untersuchen.
- ☐ f) die Rede mit anderen Reden zum Thema vergleichen.
- ☐ g) belegen, dass die Rede heute noch aktuell ist.
- ☐ h) besonders auf rhetorische Mittel (Metaphern, Vergleiche ...) eingehen.
- ☐ i) untersuchen, ob die Rede bei den Zuhörern gut angekommen ist.
- ☐ j) zu jedem einzelnen Argument Paul Spiegels Stellung nehmen.

2 *a) Was weißt du über Reden? Welche der folgenden Aussagen ist **richtig**? Kreuze an.*

a) ☐ Reden sind Texte, die den Zuschauer vor allem mittels rhetorischer Figuren emotional ansprechen wollen.

b) ☐ Reden sind appellative Texte, die den Zuhörer auf vielfältige Weise beeinflussen möchten.

c) ☐ Reden sind rhetorisch ausgefeilte Texte, um den Zuhörer zu manipulieren.

*b) Welche der Aussagen ist sicher **falsch**?*

a) ☐ Aufwertung, Dramatisierung und Beschwichtigung sind Beeinflussungsstrategien.

b) ☐ Eine Argumentation enthält Thesen, Argumente, Beispiele und Belege.

c) ☐ Reden zeichnen sich vor allem durch Scheinargumente und unsachliche Angriffe aus.

B Textverständnis – Ideen sammeln

Den Inhalt und den Aufbau der Rede erfassen

1 *Lies die Rede von Paul Spiegel einschließlich aller Fußnoten.*

2 *Verstehst du alle Begriffe aus dem Text? Dann grenze zunächst die Begriffe Rechtsextremismus, Antisemitismus und Fremdenfeindlichkeit voneinander ab. Was ist jeweils gemeint?*

Rechtsextremismus: ______________________________

____

____

Antisemitismus: ______________________________

____

____

Fremdenfeindlichkeit: ______________________________

____

____

3 *Überprüfe im Text, ob die folgenden Aussagen zutreffen oder nicht. Kreuze an.*

	richtig	falsch
a) Die Rede von Paul Spiegel appelliert an Bürger und Politiker, endlich gegen Rechtsextremismus, Antisemitismus und Fremdenfeindlichkeit aktiv zu werden.	☐	☐
b) Paul Spiegel betont mit der Aussage „Wehret den Anfängen" seine Auffassung, dass die heutige Fremdenfeindlichkeit sich in einem Anfangsstadium befindet.	☐	☐
c) In Spiegels Rede geht es hauptsächlich um die Opfer des Pogroms von 1938, einer von den Nationalsozialisten organisierten Ausschreitung gegen die Juden.	☐	☐
d) Paul Spiegel kritisiert unter anderem fremdenfeindliche Untertöne in öffentlichen Stellungnahmen von Politikern, die auf Wählerstimmen aus sind.	☐	☐
e) Unter der Umsetzung der deutschen Leitkultur versteht der Redner, dass die Würde des mitteleuropäischen Christen unantastbar ist (Grundgesetz, Artikel 1).	☐	☐

4 *Beantworte die folgenden Fragen. Lies dazu im Text nach und gib jeweils die Zeilen an. Achte dabei auf die korrekte Zitierweise (▷ Umschlagseite U5).*

a) „Bundeskanzler Schröder forderte vor einigen Wochen einen ‚Aufstand der Anständigen', er forderte mehr Zivilcourage" (vgl. Z. 15–16). Was bedeutet das Paul Spiegel zufolge für den Einzelnen?

___

___

b) „Gedenken heißt immer auch Erinnern" (Z. 60). Warum ist das für Spiegel so wichtig?

___

___

c) Markiere die Schlüsselbegriffe des Textes, die häufiger vorkommen. Welche sind es?

___

___

5 *Gliedere die Rede in Sinnabschnitte und gib ihnen passende Zwischenüberschriften. Erstelle auf einem DIN-A4-Blatt ein Flussdiagramm, das den Aufbau der Rede übersichtlich wiedergibt. Lege es großzügig an, damit du später weitere Analyseergebnisse ergänzen kannst.*

Überschrift

↓

1. Sinnabschnitt (Z. 1–4): Rückblick auf den Pogrom am 9.11.1938

↓

2. Sinnabschnitt (Z. 5–11): aktuelle rechtsradikale Zwischenfälle

↓

...

6 *Paul Spiegel benutzt häufig den Imperativ. Markiere die Stellen im Text. Liste sie auf und überlege, was Paul Spiegel mit dem Imperativ erreichen möchte.*

Reden Sie ... (Z. 32); ... ___

___

___

TIPP

Reden sind **appellative Texte**, die ihre Rezipienten auf vielfältige Weise zu beeinflussen versuchen. Ein wichtiger Aspekt der Redeanalyse ist daher, die Intention des Redners zu erfassen, z. B. anhand der Fragen:

- Welche Rolle nimmt der Redner ein?
- Welche Wirkung will er erzielen und woran kann man das erkennen?

7 *Welche Informationen zur Biografie des Redners (Fußnoten!) sind für diese Rede wichtig? Begründe deine Auswahl in einem Satz.*

___

___

___

TIPP

Der Gedankengang einer Argumentation erschließt sich leichter, wenn du die **Ausgangsposition des Redners**, also seine Grundhaltung und seine Einstellung zum Thema, mit bedenkst.

C Übungen

Den Argumentationsaufbau analysieren

1 *Worin besteht deiner Meinung nach Paul Spiegels zentrale These?*

____

____

____

2 *Wie überzeugend wirken die Argumente, mit denen Spiegel seine These stützt? Wähle drei wesentliche Argumente aus deinem Flussdiagramm. Bestimme jeweils, ob mit Fakten argumentiert wird, ob das Argument sich auf eine Autorität beruft oder ob Werte zitiert werden.*

1. ____

____

2. ____

____

3. ____

____

3 *Spiegel untermauert seine Argumente außerdem z. T. mit geeigneten Beispielen oder Zitaten.*
a) Kennzeichne Zitate (Z) und Beispiele (B) im Text und markiere durch Pfeile, zu welchen Argumenten sie gehören.
b) Erweitere dein Flussdiagramm (Seite 41, Aufgabe 5) um die Aspekte: These / Argumente / Beispiele und Zitate.

4 *Verbessere den folgenden Auszug aus einer Redeanalyse in deinem Heft. Nutze dazu die Verben und Überleitungen aus dem Wortspeicher.*

TIPP

Im Hauptteil deiner Analyse ist entscheidend, dass du deine **Aussagen deutlich formulierst** und **logisch miteinander verknüpfst**, um deine Gedankenführung nachvollziehbar zum Ausdruck zu bringen.

Im zweiten Absatz seiner Rede geht Spiegel auf die Aktualität der Thematik ein. Er zählt die Städte auf, in denen rechtsradikale Übergriffe stattgefunden haben. Er benutzt eine Klimax „[...] wenn Menschen durch die Straßen gejagt werden, wenn sie öffentlich geschlagen, immer öfter auch getötet werden". Er stellt die rhetorische Frage „Können Sie sich vorstellen [...]". Er will seine Identifikation mit den Juden, „uns Juden", betonen. Dann zitiert Spiegel eine Redewendung: „Wehret den Anfängen ...". Er sagt, dass wir in Deutschland über dieses Stadium hinaus seien. Er sagt, dass Schröder einen „Aufstand der Anständigen" fordert. Dann stellt er wieder eine rhetorische Frage ...

Wortspeicher

verdeutlichen erklären hervorheben anführen kritisieren abwerten bestreiten
widersprechen warnen beeinflussen dramatisieren

zum einen ... zum anderen zunächst ferner ergänzend im Folgenden
auf der einen Seite ... auf der anderen Seite ...
jedoch zwar ... aber während zusammenfassend schlussfolgernd

Sprachliche Gestaltungsmittel untersuchen

5 *Kreuze zutreffende Antworten an. Zu den sprachlichen Gestaltungsmitteln dieser Rede gehören …*

a) ☐ Stilblüten	c) ☐ Anaphern	e) ☐ Fachbegriffe	g) ☐ Parallelismus
b) ☐ Ellipsen	d) ☐ rhetorische Fragen	f) ☐ Ironie	h) ☐ Euphemismus

6 *Benenne jeweils die rhetorische Figur, die in den Beispielen genutzt wird.*

Beispiel	Rhetorische Figur
a) Aber diese Mehrheit darf nicht länger schweigen, sie darf nicht länger wegschauen, sie darf nicht länger die Vorgänge in unserem Land verharmlosen. (Z. 19–21)	Parallelismus, Klimax
b) Reden Sie mit Ihren Freunden und Arbeitskollegen […]. Reden Sie mit dem Betriebsrat […]. (Z. 32–34)	______
c) Was nützt es, […] wenn einige Politiker am nächsten Tag Worte wählen, die missverstanden werden können? (Z. 40–43)	______
d) Wenn […] abfällige Witze über Juden, Türken, Farbige oder Schwule erzählt werden. (Z. 31–32)	______
e) Überlegen Sie, was Sie sagen, und hören Sie auf, verbal zu zündeln! (Z. 55–56)	______

7 *Finde jeweils ein (weiteres) Beispiel für diese rhetorischen Mittel aus der Rede und beschreibe die Wirkung im Kontext.*

a) Klimax ▷ ______________________________

____

b) Rhetorische Frage ▷ ______________________________

____

c) Parallelismus ▷ ______________________________

____

d) Metapher ▷ ______________________________

____

8 *Welche rhetorischen Mittel häufen sich in der Rede von Paul Spiegel und wie wirkt sich diese Häufung auf den Zuhörer aus?*

TIPP
Oft bevorzugt ein Redner bestimmte rhetorische Mittel. Du solltest dich bei der Beschreibung auf diese wesentlichen Mittel konzentrieren.

____

____

____

____

D Den Schreibplan erstellen

1 *Mache dir nun Gedanken zum Aufbau deiner Analyse: Welche Aspekte gehören in die Einleitung, welche in den Hauptteil, welche in den Schlussteil? Ordne zu und nummeriere sie gegebenenfalls.*

Einleitung:

___

___

Hauptteil:

___

___

___

Schluss:

___

___

Stellungnahme zur Aktualität

Darstellung des Argumentationsaufbaus

Redeabsicht

Redesituation

Inhaltszusammenfassung

Inhalt und Struktur der Rede

Redner, Quelle, Titel und Thema der Rede

Analyse der rhetorischen Figuren

Adressat

2 *Erstelle dir auf einem DIN-A4-Blatt einen Schreibplan. Liste in Tabellenform stichpunktartig die wesentlichen Ergebnisse auf. Nutze dafür dein Flussdiagramm und die anderen Vorarbeiten.*

Die Einleitung formulieren

3 *Bewerte die folgende Einleitung. Was ist daran gelungen, was ist verbesserungswürdig?*

In der Rede „Es geht um unser Land" appelliert der Redner an das Volk und an die Politiker, die Vorgänge in unserem Land nicht länger zu verharmlosen. Als Vorsitzender des Zentralrats der Juden in Deutschland beschreibt er seine Wahrnehmung und seine Empfindungen aus der Perspektive eines Juden, der sich durch aktuelle rechtsradikale Übergriffe bedroht fühlt.

gelungen: ___

verbesserungswürdig: ___

Eine Überleitung zum Hauptteil formulieren

4 *Damit der Leser weiß, worum es dir gehen wird, solltest du vor der eigentlichen Analyse knapp Struktur und wesentliche Aussagen der Rede mit eigenen Worten zusammenfassen. Setze fort:*

Die Rede von Paul Spiegel lässt sich in ... Sinnabschnitte unterteilen. Im ersten Abschnitt (Z. 1–4) gibt Spiegel einen Rückblick auf den 9. November 1938, ...

___

___

___

Den Schluss planen

5 *a) Fasse die wesentlichen Ergebnisse deiner Redeanalyse im Schlussteil zusammen. Notiere sie hier stichpunktartig. Überlege auch, wie du geschickt zu deiner eigenen Stellungnahme überleitest.*

____

____

____

b) Hat Paul Spiegel Recht? Erstelle für deine Stellungnahme einen Cluster zum Thema Fremdenfeindlichkeit mit Beobachtungen, aktuellen Ereignissen oder persönlichen Erfahrungen.

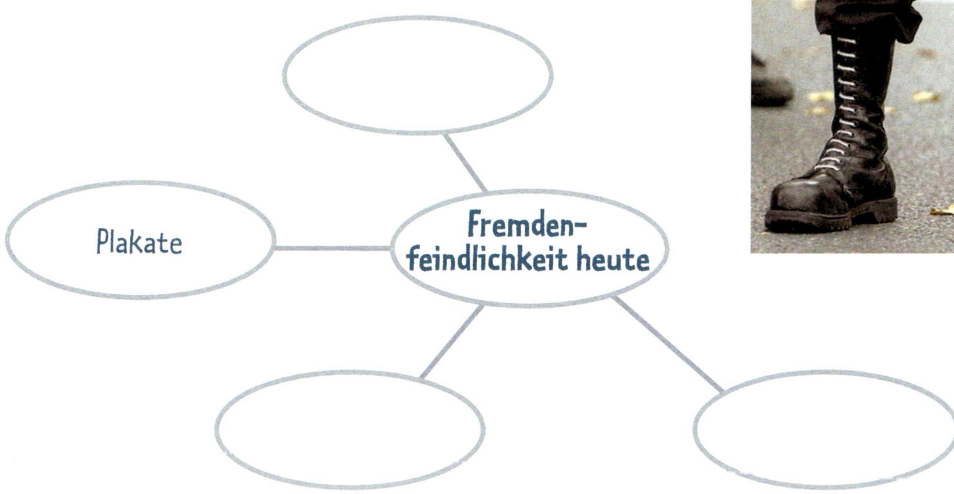

6 *Verfasse nun mit Hilfe deiner Vorarbeiten die Redeanalyse in deinem Heft.*

E Den eigenen Text überarbeiten

1 *Lies dir deinen Text nach einer kurzen Pause noch einmal durch und überarbeite ihn mit Hilfe der folgenden Checkliste.*

☑ Checkliste

Vorgehensweise beim Analysieren	+	–
□ Ich habe die Schwerpunkte der Aufgabenstellung beachtet.	□	□
□ Ich habe das Thema der Rede benannt.	□	□
□ Ich habe den Kontext der Rede (Redesituation, Redner) berücksichtigt.	□	□
□ Ich habe die Rede sinnvoll gegliedert und zusammengefasst.	□	□
□ Ich habe den Argumentationsaufbau des Redners nachvollzogen.	□	□
□ Ich habe die rhetorischen Mittel der Rede beschrieben **und** gedeutet.	□	□
□ Ich habe die wesentlichen Ergebnisse im Schlussteil zusammengefasst.	□	□
□ Ich habe die Aktualität der Rede hinreichend gezeigt.	□	□
Sprachlich-formale Aspekte		
□ Ich habe korrekt zitiert und die Zeilen angegeben.	□	□
□ Ich habe abwechslungsreiche Formulierungen und logische Überleitungen gewählt.	□	□
□ Ich habe die Rechtschreibung und Zeichensetzung überprüft.	□	□

6 *Georg Bungter:* Geh'n wir uns selber vergiften im Park – einen satirischen Text interpretieren

WIR VERKLEIDEN DIE AUSSENWÄNDE MIT SONNENKOLLEKTOREN. DANN HÄLT'S JEDER FÜR'N SOLARKRAFTWERK.

Aufgabenstellung

Interpretiere die Satire „Geh'n wir uns selber vergiften im Park" von Georg Bungter.

Georg Bungter

Geh'n wir uns selber vergiften im Park[1] (1978)

Früher hieß das ganz einfach „Müllhaufen". Auf dem Müllhaufen landeten Kartoffelschalen, durchgelaufene Schuhe und ausgediente Liebesbriefe.

Dann haben wir unsere Lebensqualität verbessert und konnten auf einmal leichten Herzens Dinge wegwerfen, die wir früher nicht einmal besaßen: Autoreifen, unverrottbare Plastiktüten, nutzlose Chemieabfälle und stabile Zyanid-Fässer. Mit der Lebensqualität verbesserte sich aber auch die Wortqualität: Es hieß jetzt nicht mehr Müllhaufen, sondern viel eleganter „Deponie". Jetzt sind wir dabei, unsere Zukunft zu sichern. Damit auch morgen die Lichter nicht ausgehen, brauchen wir Atomkraftwerke. Die produzieren ganz viel Strom und ein ganz klein wenig radioaktiven Abfall. Dass man solch fortschrittlichen Abfall nicht einfach auf den Müllhaufen werfen kann, versteht sich von selbst. Darum soll er ja auch auf einer speziellen Atommülldeponie gelagert werden – in Gorleben im Landkreis Lüchow-Dannenberg.

Anapher + Antithese

Atommülldeponie? So ein hässliches Wort für so einen schönen Müll? Nie und nimmer, dachte die Bundesregierung und fing an, über ein treffenderes Wort nachzudenken. Am 8. Juni hatte sie es gefunden. In der Regierungsantwort auf Große Anfragen aller Fraktionen heißt es: „Die Betriebsgenehmigung für neue Kernkraftwerke wird nur noch erteilt, wenn die erste Teilbaugenehmigung für den bei Gorleben geplanten Entsorgungspark vorliegt."

Es ist schon ein wunderliches Geheimnis um die deutsche Sprache. Dort, wo die krude Realität kläglich versagt, erschafft sie neue Schönheit mit der Kraft des Wortes. Und wie denn wohl kein Mensch leben mag in der öden Betonwüste einer Neubausiedlung, aber gern sich niederlässt in einem hochmodernen Wohnpark – so mag auch kein Mensch leben mitten auf einem Riesenhaufen Atommüll, aber in Gorleben ...! Ja, in Gorleben werden bald Tausende von nah und fern herbeiströmen und Erholung suchen im heiligen Entsorgungspark. Besonders im Frühsommer, zur Zeit der Radiodendron-Blüte, werden die Parkbesucher in ihren schmucken Naturschutzanzügen begeistert durch den Strahlengrüngürtel schlendern, vorbei an Geranium und Plutonium, mitten durch Begonien und Neutronien und quer über den Teich mit schwerem Wasser, wo im Schilf die schnellen Brüter[2] schnattern.

Im Herbst dagegen, wenn die Tage kühler werden und es schon ratsam ist, einen kleidsamen Bleimantel zu tragen, wird die Freiwillige Feuerwehr von Gorleben im Musik-

1 Die Überschrift der Satire spielt auf das satirische Chanson Georg Franz Kreislers aus dem Jahr 1958 an: „Geh'n wir Tauben vergiften im Park". Im Chanson heißt es: „... Jeder Bursch und sein Mäderl / Mit einem Fresspaketerl / Sitzen heute im grünen Klee – / Schatz, ich hab' eine Idee: / Schau, die Sonne ist warm und die Lüfte sind lau / Geh'n wir Tauben vergiften im Park!"

2 **schneller Brüter:** Reaktortyp, der bei der Kernspaltung in seinem Inneren schnelle Neutronen zum Umwandeln von Uran-238 in Plutonium einsetzt

pavillon aufspielen zum Tanz auf dem Uran[3]. Und wenn dann der Geigerzähler feststellt, dass auch die Streicher vollzählig versammelt sind, wird der Dirigent seinen Brennstab heben, und weithin wird's klingen durch den sonnigen Entsorgungspark: „Freut euch des Gorlebens[4], solang nur das Alarmlämpchen glüht!"
Sollte aber irgendwann einmal irgendwo im Park irgendwas schiefgehen, so seien Sie ganz entsorgt: Noch nie sind Sie von einem bezaubernden Ausflug so strahlend nach Hause gekommen.

3 Anspielung auf den Spielfilm „Tanz auf dem Vulkan" aus dem Jahr 1938
4 Anspielung auf das Volkslied „Freut euch des Lebens" von Hans Georg Nägeli und Martin Usteri (1793); der Refrain lautet: „Freut euch des Lebens, / weil noch das Lämpchen glüht, / pflücket die Rose / eh' sie verblüht!"

A Die Aufgabe verstehen

1 *Lena weiß ungefähr, welche Aspekte bei der Analyse einer Satire beachtet werden sollen. Um ihre Gedanken zu sortieren, hat sie sich zunächst offene Fragen notiert.*
a) Kannst du ihr sagen, wie sie bei den einzelnen Punkten vorgehen sollte? Schreibe deine Vorschläge unter ihre Fragen.
Ergänze auch weitere Untersuchungsaspekte, dir dir wichtig erscheinen.
b) Nummeriere die verschiedenen Punkte, um sie in eine sinnvolle und arbeitssparende Reihenfolge zu bringen.

TIPP
Bevor du einen Text interpretieren kannst, musst du ihn analysieren.

☐ Wie erkenne ich das **Thema** der Satire?

☐ Wie finde ich heraus, welche **Bedeutung der Titel** hat?

☐ Wie erkenne ich die **satirisch-kritische Aussage** des Textes?

☐ Wie ist die Satire **aufgebaut**?

☐ Was mache ich mit den **sprachlichen Mitteln**, die der Autor verwendet?

- ☐ die sprachlichen Mittel im Text suchen und markieren, dazu am besten unterschiedliche Farben verwenden
- ☐ zur Verdeutlichung evtl. Umformulierungen vornehmen, Ausdrücke „übersetzen" → inwiefern verändert eine „Übersetzung" die Wirkung des Textes?

☐ Deine eigenen Fragen oder Ergänzungen:

2 *Was genau ist eine Satire? Fülle den Lückentext mit den Begriffen aus dem Wortspeicher und lies die vollständigen Informationen anschließend noch einmal durch.*

Wortspeicher

Schwächen kritische Distanz Karikatur Lachen Über- und Untertreibung
Spottdichtung Wortspiele falsche Denkmuster Missstände sprachliche Mittel Parodie

Die Satire, auch ______________________ genannt, ist eine literarische Form der Kritik an gesellschaftlichen ______________ und allgemein menschlichen ______________ und Lastern. Ziel ist es dabei häufig auch, ____________________ zu entlarven. Die Satire soll den Leser zum __________ bringen, aber auch bewirken, dass er auf ________________ zum Dargestellten geht. Dabei bedient sie sich besonderer Darstellungsverfahren und ________________, wie z. B. der Ironie, Vergleiche, Zweideutigkeiten, ____________________ oder auch ____________________. Verwandt ist diese literarische Gattung mit der ______________ und der ______________.

B Den Text verstehen

Erster Eindruck

1 *Bevor du den Text analysierst, kann es hilfreich sein, deine Assoziationen und dein Vorwissen zu dem Thema zu notieren.*
Was verbindest du mit dem Begriff „Atommüll" bzw. „Atommülldeponie"? Ergänze die Mind-Map.

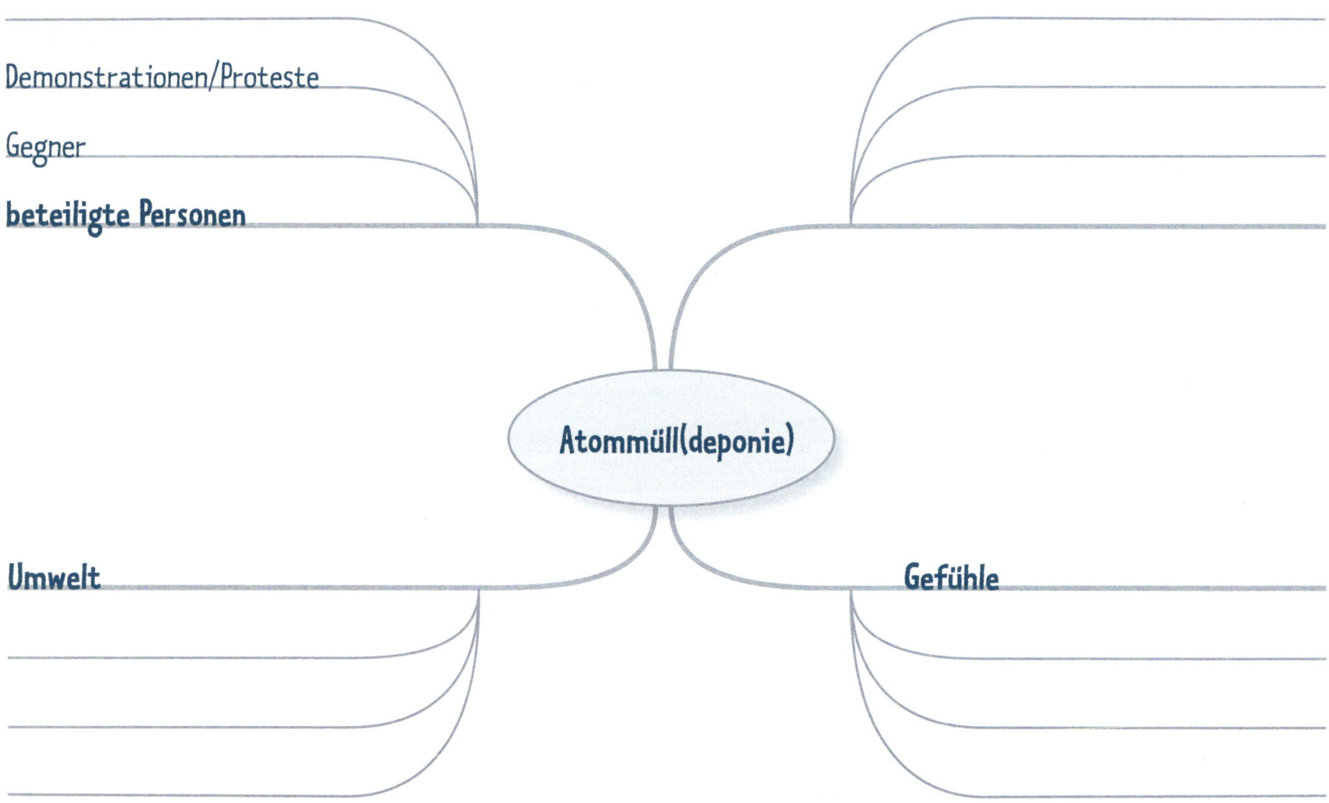

2 *a) Lies nun noch einmal den Text. Wie wirkt die Satire auf dich? Notiere deine Gedanken.*

b) Kannst du deinen Eindruck genauer beschreiben? Zeige anhand zweier Textstellen, wie diese Wirkung auf dich zu Stande kommt.

Hendrik meint:
Ich denke, diese Satire ist sehr lustig, denn der Autor gebraucht neue Wörter wie „Radiodendron" (Z. 25) und „Naturschutzanzüge" (Z. 26). Andererseits ist das Thema sehr ernst, auf die Gefahr weist bereits der Titel hin: „Geh'n wir uns selber vergiften im Park".

Den Text untersuchen

3 *Unterteile den Text in Sinnabschnitte und fasse sie in Stichworten oder in kurzen Sätzen in der Randspalte zusammen.*

4 *Untersuche, wie die Atommülldeponie im Text dargestellt wird.*
a) Notiere die entsprechenden Textstellen mit Zeilenangaben in der Tabelle.

TIPP
Durch **die ironische Verzerrung der Realitiät** wird oftmals der tatsächliche aktuelle Zustand kritisiert.

b) Lies dir noch einmal die Begriffe deiner Mind-Map von Seite 48 durch. Worin unterscheiden sich deine Assoziationen zum Thema „Atommüll(deponie)" von der Darstellung im Text? Welche Gegensätze erkennst du? Notiere deine Beobachtungen.

a) Darstellung der Atommülldeponie im Text	b) Eigene Assoziationen / Vorwissen zu Atommüll und Atommülldeponien
Ort für schönen Müll (Z. 13)	radioaktiver Abfall ist sehr gefährlich, die Halbwert-
heiliger Entsorgungspark (Z. 24–25)	zeit ist so lang, dass er Jahrtausende lang gelagert
...	werden muss ...
	...

Die sprachliche Gestaltung untersuchen

5 *Tim hat sich auf Karteikarten Notizen zu einigen wichtigen sprachlichen Gestaltungsmitteln gemacht, um sie sich leichter einprägen zu können. Die Überschriften fehlen noch.*

a) Ordne die richtigen Bezeichnungen den Erklärungen zu. Hilfe findest du auf der ▷ Umschlagseite U5.

Gestaltungsmittel

Euphemismus Mehrdeutigkeit Metapher Neologismus rhetorische Frage
Hyperbel ~~Verwendung verschiedener Sprachstile~~ Vergleich Wortspiel Ironie

______

☐ es wird das Gegenteil von dem gesagt, was gemeint ist, mit einem kleinen Hinweis auf die eigentliche Bedeutung

______

☐ etwas wird (über)betont und übertrieben dargestellt

______

☐ etwas wird abgeschwächt oder untertrieben dargestellt
☐ beschönigende Darstellung

Verwendung verschiedener Sprachstile

☐ gezielter Einsatz von z. B. Umgangssprache, Fachsprache oder Werbesprache im gleichen Text

______

☐ „Spiel" mit mehrdeutigen Wörtern
☐ Anspielung auf bekannte Ausdrücke, oft durch Verdrehung oder Umdrehung

______

☐ Frage, auf welche die Antwort schon vorher klar ist (→ oft unbewusste Beeinflussung)

______

☐ Wortneuschöpfungen

______

☐ Verknüpfung von zwei Ausdrücken durch **wie** zur Veranschaulichung oder auch zur Hervorhebung des Gemeinsamen der beiden Ausdrücke

______

☐ Bedeutungsübertragung
☐ Verknüpfung zweier semantischer Bereiche, die gewöhnlich unverbunden sind

______

☐ Ausdrücke werden so verwendet, dass sie im Kontext mehrere (meistens zwei) unterschiedliche Bedeutungen haben

b) Markiere Beispiele für die sprachlichen Mittel im Text farbig und notiere die Bezeichnung des Stilmittels in der Randspalte.
Du findest bereits zwei Beispiele auf der Seite 46.

TIPP

Für die Satire ist es charakteristisch, dass der Autor mit sprachlichen Mitteln arbeitet, um sein **Urteil überzeugend und gleichzeitig erheiternd** an seine Leserinnen und Leser **weiterzugeben.**

6 *Gehe den Text und deine Randnotizen noch einmal durch und beziehe auch die Überschrift mit ein. Kannst du deine Aussage zur satirischen Wirkung des Textes (Aufgabe 2a) + b) von Seite 49) präzisieren?*
Benenne den Gegenstand der Kritik des Autors und formuliere eine Deutungshypothese zur kritischen Aussage des Textes.

C Übungen

1 *Beschreibe die satirisch-kritische Wirkung der Sprache.*
a) Wähle dazu zwei Stellen aus, die du sprachlich besonders auffällig findest, und notiere sie links. Greife auf deine Ergebnisse aus der Aufgabe 5b) von Seite 49 zurück.
b) Halte in der rechten Spalte fest, welche Kritik durch die sprachliche Gestaltung zum Ausdruck gebracht wird.

a) sprachliche Gestaltung	b) mögliche Deutung/Kritik
1. Umgangssprache: Geh'n wir uns selber vergiften im Park (Titel)	Kontrast zwischen lockerer Sprache und ernstem Inhalt → Kritik an Unbedachtheit der Menschen (auch durch Anspielung auf Liedtext „Tauben vergiften im Park")
2.	→
3.	→

Wortspeicher
drückt aus
bringt zum Ausdruck
zeigt ... auf
durch ... macht der Autor darauf aufmerksam, dass
durch ... kritisiert der Autor
verdeutlicht
weist darauf hin

c) Formuliere einen deiner Punkte aus. Der Wortspeicher hilft dir, sprachliche Mittel und deren Wirkung miteinander zu verbinden.

1. **Durch** die umgangssprachliche Formulierung im Titel: „Geh'n wir uns selber vergiften im Park" **macht der Autor darauf aufmerksam**, dass die Menschen sich keine Gedanken darüber machen, dass sie selbst von Umweltkatastrophen betroffen sind. Vor allem die Anspielung auf den bekannten Liedtext „Tauben vergiften im Park" **bringt** die Unreflektiertheit der Menschen und die Sinnlosigkeit ihres Verhaltens **zum Ausdruck**, welche der Autor somit heftig kritisiert.

2 *Lena, Kai und Martin haben ihre Ergebnisse zum Aufbau und zur satirischen Wirkung des Textes thesenartig zusammengefasst.*
a) Belege ihre Thesen anhand konkreter Textstellen.

TIPP
Um deine **Beobachtungen** zu **belegen**, solltest du Textstellen zitieren oder inhaltliche Aussagen paraphrasieren. Hinweise dazu findest du auf der ▷ Umschlagseite U5.

Lena: Der Text bezieht sich auf die Vergangenheit, auf die Gegenwart und auf die Zukunft.

→ Es wird eine Entwicklung von „Früher" (Z. 1) zum heutigen Zustand, welcher im Mittelpunkt der Satire steht, aufgezeigt. Im letzten Satz spielt der Autor durch die mehrdeutige und ironische Ankündigung: „Noch nie sind Sie von einem [...] Ausflug so strahlend nach Hause gekommen." (Z. 37–38) auf das drohende Schreckensszenario eines Strahlenunglücks in der Zukunft an.

Kai: Die Kritik steigert sich kontinuierlich.

Während der Autor zu Beginn ...

Martin: Meiner Ansicht nach kritisiert der Autor, wie sich die menschliche Wahrnehmung durch Worte beeinflussen lässt.

b) Ergänze eine eigene These und belege diese ebenfalls am Text.

D Einen Schreibplan erstellen

Einleitung und Schluss planen

1 *Die folgende Einleitung ist noch nicht gelungen. Streiche Fehler oder unklare Stellen an und verfasse eine verbesserte Version.*

TIPP

In der Einleitung nennst du wie bei einer Gedichtinterpretation oder der Interpretation einer Kurzgeschichte
- den Titel, die Textsorte, den Autor, das Erscheinungsjahr und
- das Thema des Textes (Worum geht es?).
- Außerdem kannst du deine Deutungshypothese vorstellen (Was kritisiert der Autor?).

Der Autor macht sich Gedanken über die Entwicklung der Sprache und zeigt dem Leser, was er vom Fortschritt zu erwarten hat!
So beschreibt er z. B. in Zeile 9–10 den fortschrittlichen Abfall der Atomkraftwerke.
Der Text ist schon ziemlich alt, aber das Thema ist aktuell, auch heute noch.

2 *Fertige mit Hilfe des Tippkastens Notizen für einen möglichen Abschluss deiner Interpretation an.*

TIPP

Im Schlussteil kannst du **persönlich Stellung nehmen** und sagen, inwiefern du die Ansicht des Autors teilst, ob du z. B. seine Gedanken gerechtfertigt findest oder in welchem Punkt du ihm widersprechen möchtest. Du kannst dabei auch auf die Sprache des Textes eingehen.

Den Hauptteil planen

3 *a) Ergänze den folgenden Schreibplan durch weitere thematische Schwerpunkte und mache dir jeweils Notizen, wie du die Beobachtungen ausführen kannst. Halte z. B. fest,*
- *welche Rolle die sprachliche Gestaltung spielt und*
- *anhand welcher Textstellen du deine Beobachtungen belegen kannst.*

b) Lege fest, in welcher Reihenfolge du die Aspekte anordnen möchtest. Nummeriere sie dazu.

TIPP

Die **Reihenfolge der Aspekte** kannst du davon abhängig machen, wie wichtig die Aspekte jeweils für die Gesamtaussage des Textes sind.

☐ Das unbedachte und unreflektierte Verhalten der Menschen wird kritisiert.
- Umgangssprache, lockerer Ton z. B. im Titel
- „leichten Herzens Dinge wegwerfen" (Z. 3–4) ...

______

☐ ______

______

______

______

______

☐ ______

______

______

______

______

☐ ______

______

______

______

______

☐ ______

______

______

______

______

☐ ______

______

______

______

______

4 *Schreibe nun die Interpretation der Satire in dein Heft.*

E Den eigenen Text überarbeiten

1 *Lies deinen Text nach einer Pause durch und überprüfe ihn mit Hilfe der Checkliste. Verbessere ihn, falls nötig.*

✔ Checkliste

	+	–
Aufbau		
☐ In der Einleitung habe ich den Autor, den Titel, die Textsorte, das Erscheinungsjahr und das Thema genannt. Außerdem habe ich meine Deutungshypothese vorgestellt.	☐	☐
☐ Im Hauptteil habe ich Aufbau, Inhalt und Sprache im Hinblick auf die satirisch-kritische Wirkung des Textes gedeutet.	☐	☐
☐ Zum Schluss habe ich persönlich Stellung zum Text genommen.	☐	☐
Vorgehensweise beim Analysieren und Interpretieren		
☐ Ich habe den Aufbau sowie inhaltliche und sprachliche Aspekte der Satire untersucht.	☐	☐
☐ Ich habe die Überschrift des Textes bei der Deutung berücksichtigt.	☐	☐
☐ Ich habe meine Beobachtungen durch Hinweise auf die entsprechenden Textstellen belegt.	☐	☐
☐ Ich habe dargestellt, auf welche gesellschaftlichen Missstände und Fehler der Autor hinweist.	☐	☐
Sprachlich-formale Aspekte		
☐ Mein Text ist durchgängig im Präsens verfasst und ich habe die korrekte Zitierweise beachtet.	☐	☐
☐ Abschließend habe ich meine Rechtschreibung und Zeichensetzung überprüft.	☐	☐

7 *Alfred Lichtenstein:* Die Stadt – ein expressionistisches Gedicht interpretieren

Aufgabenstellung

Interpretiere das expressionistische Gedicht „Die Stadt" von Alfred Lichtenstein.

Alfred Lichtenstein

Die Stadt (1913)

Ein weißer Vogel ist der große Himmel.
Hart unter ihn geduckt stiert eine Stadt.
Die Häuser sind halbtote alte Leute.

Griesgrämig glotzt ein dünner Droschkenschimmel[1].
Und Winde, magre Hunde, rennen matt.
An scharfen Ecken quietschen ihre Häute.

In einer Straße stöhnt ein Irrer: Du, ach, du –
Wenn ich dich endlich, o Geliebte, fände ...
Ein Haufen um ihn staunt und grinst voll Spott.

Drei kleine Menschen spielen Blindekuh –
Auf alles legt die grauen Puderhände
Der Nachmittag, ein sanft verweinter Gott.

1 **Droschke:** Pferdekutsche

Ludwig Meidner: Stadtmotiv (1920)

A Die Aufgabe verstehen – Arbeitsschritte festlegen

1 *Erinnere dich, wie du bei einer Gedichtinterpretation vorgehen kannst. Fülle die Lücken im folgenden Text mit Hilfe des Wortspeichers.*

Wortspeicher

analysiere Deutungshypothese ersten Eindrücke deute formalen inhaltlichen sprachliche Gestaltung Entstehungskontext

Zuerst überlege ich, wie das Gedicht auf mich wirkt, notiere mir meine ____________________ und bilde eine erste ____________________.

Im zweiten Schritt ____________________ ich das Gedicht auf Grundlage dieses ersten Eindrucks, untersuche also den ____________________ und ____________________ Aufbau sowie die ____________________.

Anschließend ____________________ ich die Ergebnisse meiner Textanalyse, wobei ich Form und Inhalt aufeinander beziehe. Dabei kann ich auch den ____________________ mit berücksichtigen.

B Das Gedicht erschließen

Der erste Eindruck

1 *a) Lies das Gedicht laut. Wie wirkt es auf dich? Markiere passende Begriffe und ergänze die Auflistung.*

Wortspeicher

anspruchsvoll düster freundlich unverständlich unkonkret abstrakt positiv
verzweifelt unfreundlich chaotisch fantasievoll depressiv
sachlich modern frostig friedlich negativ kalt merkwürdig

____

b) Lies die einzelnen Strophen noch einmal und markiere Stellen, an denen du beim Lesen stockst. Halte auf einem DIN-A4-Blatt in Form von Fragen oder Stichpunkten fest, was dich an diesen Stellen irritiert.

c) Fasse deinen ersten Eindruck in einem Satz als Deutungshypothese zusammen.

TIPP
Deine **erste Deutungshypothese** wird später durch die genaue Analyse des Gedichts gestützt, erweitert oder auch korrigiert.

Ich verstehe das Gedicht als ... ____

____

Inhaltliche Aspekte untersuchen

2 *Welche Perspektive nimmt der Sprecher im Verlauf des Gedichts ein? Entscheide dich für eine der drei Skizzen und begründe deine Wahl anhand konkreter Textstellen.*

Die Perspektive des Sprechers entspricht der Skizze ______, denn ... ____

____

____

3 *Notiere in der Randspalte, welche thematischen Schwerpunkte in den einzelnen Strophen gesetzt werden. Hier siehst du ein Beispiel für die erste Strophe:*

Der Himmel und die Stadt werden beschrieben. Ein Gegensatz zwischen dem Himmel (groß, weißer Vogel → Freiheit?) und der Stadt (geduckt, Häuser wie halbtote Leute) wird aufgebaut.

TIPP
Um **thematische Schwerpunkte** einer Strophe benennen zu können, musst du den Inhalt manchmal schon zusammenfassen oder deuten.

4 *Hier hat sich ein Schüler Notizen zum formalen Aufbau des Gedichtes gemacht. Einige Angaben sind falsch oder unvollständig.*
Korrigiere und ergänze seine Notizen. Hilfe zum formalen Aufbau eines Gedichts findest du auf der ▷ *Umschlagseite U3.*

drei Strophen, pro Strophe je vier Verse ____________________

durchgängiges Reimschema ist abc ____________________

Verse beginnen abwechselnd mit Trochäus und Jambus, der Rhythmus wirkt auf mich insgesamt ... ____________________

pro Vers ein Satz ____________________

5 *Auch diese Schüler haben die thematischen Schwerpunkte der einzelnen Strophen untersucht und die Form des Gedichtes analysiert. Sie versuchen, die Erkenntnisse zusammenzufassen, kommen aber zu unterschiedlichen Ergebnissen. Wo kannst du zustimmen, an welchen Stellen widersprichst du? Belege deine Meinung anhand konkreter Textstellen und ergänze gegebenenfalls noch weitere Ergebnisse deiner eigenen Analyse.*

TIPP
Formale Merkmale eines Gedichts sollten immer in Zusammenhang mit inhaltlichen Aussagen betrachtet werden.

Annika: „Für mich hat das Gedicht keinen klaren Aufbau. Die Verse beziehen sich doch überhaupt nicht aufeinander, sie sind nur aneinandergereiht. Jeder Vers steht für sich."

Kerem: „Das Gedicht ist meiner Meinung nach zweigeteilt, das lässt sich sowohl am Inhalt als auch an der Form zeigen."

Marinus: „Ich finde, das Gedicht gliedert sich in vier Teile. Das zeigt doch die Anordnung der Verse."

____

____

____

____

Die Sprache untersuchen

6 *Trage die Verben und Adjektive des Gedichts zusammen und überlege, welche Wirkung sie auf den Leser haben.*

TIPP
Zur sprachlichen Gestaltung eines Textes kann auch eine **auffällige Wortwahl** gehören.

Verben:	→ Wirkung:
geduckt, stiert, ...	

Adjektive:	→ Wirkung:

7 *Untersuche den Text hinsichtlich rhetorischer Mittel.*
a) Ordne die Begriffe aus dem Wortspeicher der jeweils richtigen Erklärung in der Tabelle zu. Hilfe findest du auf der ▷ *Umschlagseite U5.*
b) Suche für jedes Stilmittel ein oder mehrere Beispiele im Gedicht und trage diese mit Belegstellen in der rechten Spalte ein.

Wortspeicher
Alliteration Enjambement Metapher
Personifikation
Verdinglichung ~~Neologismus~~

a) Rhetorische Stilmittel	Erklärungen	b) Beispiele
Neologismus	Wortneuschöpfung	Puderhände (Vers 11)
	Fortsetzung des Satzes über das Zeilenende hinaus (Zeilensprung)	
	gleicher Anlaut von aufeinanderfolgenden Wörtern	
	„Vermenschlichung“ von leblosen Gegenständen	
	Gebrauch eines Wortes nicht in seiner wörtlichen, sondern in einer übertragenen Bedeutung	
	Beschreibung von beseelten Dingen als Gegenstände	

c) Mache dir Stichpunkte zur Wirkung der Stilmittel.
Tipp: *Deine Gedanken zur Deutung der Stilmittel müssen noch nicht endgültig sein, wichtig ist jedoch, dass du versuchst, den Textzusammenhang mit einzubeziehen.*

Puderhände (Vers 11): Puder = lose, weich, fein → passend zum Adjektiv „sanft“ (Vers 12), verdeutlicht eine Stille und Sanftheit am Nachmittag, aber auch Eintönigkeit, Bedrohung?

Kontextwissen mit einbeziehen

8 *Markiere Schlüsselbegriffe und Kernaussagen in den folgenden Texten zum Expressionismus. Nutze die Randspalte.*

Expressionismus (lat. expressio = Ausdruck), ursprünglich ein Stilbegriff aus der Malerei, ist eine von vielen literarischen Strömungen der deutschen **Moderne** am Beginn des 20. Jahrhunderts.
Als neue Kunstrichtung, die etwa von 1910 bis 1925 anhielt, grenzten sich die Vertreter klar ab gegen die Wirklichkeitsnachbildung des **Naturalismus** und die überzogenen Schönheitsideale des **Impressionismus** [...]. Ihr Protest richtete sich gegen die verkrusteten bürgerlichen Strukturen der Wilhelminischen Epoche, den rücksichtslosen technischen Fortschritt und die darin verwurzelte Selbstentfremdung des Menschen. Der Expressionismus war für seine Protagonisten eine Kunstform [...], die „statt des Eindrucks der Außenwelt den Ausdruck der Innenwelt" (R. Müller-Freienfels) darstellen sollte [...].
Zeitschriften der Zeit führten programmatische Titel wie *Der Aufbruch, Die Entfaltung, Die Aktion* und *Der Sturm.* Literarische Zentren der neuen Stilrichtung waren neben der Metropole Berlin, wo vor allem die **Großstadtdichtung** kultiviert wurde, der Verlagsort Leipzig [...] und nach dem Ausbruch des Ersten Weltkriegs Zürich, wo sich Gleichgesinnte in Literaturcafés, Varietés und Lesezirkeln trafen und austauschten.
Die Dichter des Expressionismus verstanden sich als Künder einer neuen Zeit und bedienten sich einer rauschhaften Sprache: Sie reichte von geballten Wortkaskaden, Wortneuschöpfungen, gebrochener Syntax und übersteigerter Metaphorik bis hin zu einem äußerst verkürzten Sprachstil. [...] Kennzeichen der frühen expressionistischen Lyrik ist der so genannte **Reihungsstil**, der Unzusammenhängendes und Ungleichartiges aneinanderfügt [...]. *(Wieland Zirbs: Literaturlexikon, Cornelsen/ Scriptor 1998)*

keine Wirklichkeits-
nachbildung

[...] Die Gleichzeitigkeit verschiedenster Eindrücke sowie deren künstlerische Darstellung wurde schnell zu einem der wesentlichen Merkmale avantgardistischer Literatur und zu einem Symbol für die Dynamik der Zeit im Umbruch [...]. Neben der **Simultaneität** der Ereignisse ist für die Literatur des Expressionismus charakteristisch, dass sie **starke einprägsame Bilder** bevorzugte, dass sie oftmals **Sätze zerschlug**, Worte in Fetzen riss und so Texte schuf, die sich erst bei wiederholter Lektüre erschließen. *(Texte, Themen und Strukturen, Cornelsen 2009)*

9 *Das Gedicht „Die Stadt" stammt aus dem Jahr 1913, also der Zeit, in der man den Expressionismus ansetzt. Untersuche mit Hilfe der Texte, inwiefern das Gedicht typische Merkmale des Expressionismus aufweist.*

Kernaussagen	Merkmale des Gedichts „Die Stadt"
Abgrenzung gegen Wirklichkeitsnachbildung	keine realistische Darstellung einer Stadt, sondern ungeordnete Bilder, Metaphern, z. B. zweite Strophe ...

10 *Lies dir noch einmal deine Deutungshypothese von Seite 55 durch und prüfe, ob du sie auf Grundlage der Ergebnisse aus dem Teilkapitel B ergänzen oder korrigieren solltest. Notiere deine Gedanken.*

C Übungen

1 *Hier hat ein Schüler die beiden letzten Verse interpretiert.*
Halte am Rand fest, inwiefern ihm das deiner Meinung nach gelungen ist.

TIPP

Bei der **Interpretation** werden sprachliche Gestaltung (Stilmittel, Wortwahl, Satzbau), formale Aspekte (z. B. Reimschema, Strophenbau) und inhaltliche Aussagen miteinander in Beziehung gesetzt.

Beispiel	Deine Bewertung
... In den Versen 11 bis 12 scheint sich der Sprecher wieder außerhalb der Stadt zu befinden.	Die Perspektive wird aufgegriffen
Das letzte Bild, welches er von der Stadt einfängt, wirkt auf den ersten Blick friedlich, fast versöhnlich: Die „grauen Puderhände" (Vers 11) breiten sich über der Stadt aus. Das Enjambement in den Versen 11 und 12 deutet darauf hin, dass es der personifizierte Nachmittag ist, der seine Hände auf die Stadt legt und das Geschehen in ihr unter einer grauen Puderschicht zu konservieren scheint.	
Ob der Neologismus „Puderhände" Schutz oder Zuversicht für die Menschen in der Stadt bedeutet oder ob diese Geste eher als trist oder sogar bedrohend gesehen werden muss, bleibt offen ...	

2 *Wähle zwei Stilmittel aus der Tabelle von Seite 57 und beschreibe ihre Wirkung mit Hilfe deiner Notizen. Die folgenden Textbausteine können dir beim Ausformulieren helfen.*

Wortspeicher

bewirkt (beim Leser), dass ... | ... erzeugt das Gefühl, dass ... | ... erweckt den Eindruck, dass ... | ... erinnert an ... | bringt ... zum Ausdruck ... | ... deutet ... an ... | ... verdeutlicht ... | ... betont ...

1.

2.

D Einen Schreibplan erstellen

1 *Lies den folgenden **Anfang** einer Interpretation und prüfe, ob alle wichtigen Informationen vorkommen.*

TIPP

In der **Einleitung** werden Autor, Titel sowie Erscheinungsjahr genannt und es wird kurz zusammengefasst, worum es in dem Gedicht geht. Außerdem wird die Deutungshypothese vorgestellt.
Als **Überleitung zum Hauptteil** kann man z. B. ein besonders auffälliges Merkmal des Textes aufgreifen oder die Stimmung des Gedichts beschreiben.

Einleitung	Alfred Lichtenstein beschreibt in seinem expressionistischen Gedicht „Die Stadt" aus dem Jahre 1913 in eindrucksvoller Weise eine trostlose Stadt.	______ Titel wird genannt ✓ ______
Überleitung zum Hauptteil	Alles in ihr ist trist, bedrückend, grau und anonym.	______
Erster Satz der Interpretation	Die ersten und die letzten beiden Verse des Gedichts fangen diese Stadt in der Totalen ein: ...	Der erste Satz der Interpretation bezieht sich auf die Einleitung und greift unmittelbar noch einmal auf das Thema zurück.

2 *Schreibe deine eigene Einleitung mit einer Überleitung zum Hauptteil.*

______

______

______

3 *Martha und Maria haben im **Schluss** ihrer Interpretation versucht darzustellen, inwiefern das Gedicht als „ein Produkt seiner Zeit" gesehen werden kann.*
a) Bewerte beide Darstellungen knapp und begründe deine Einschätzung.

TIPP

Eine Möglichkeit, deine Interpretation abzuschließen, kann darin bestehen, **den zeitgenössischen Hintergrund** des Gedichtes **noch einmal aufzugreifen**.

Martha schreibt:
Da es für expressionistische Gedichte typisch ist, dass in ihnen die Wirklichkeit nicht abgebildet wird, sondern der „Ausdruck der Innenwelt" in den Vordergrund tritt, handelt es sich wahrscheinlich um ein expressionistisches Gedicht.

Maria schreibt:
Im Gedicht wird die Stadt nicht realistisch dargestellt, sondern es lassen sich vielmehr ungeordnete Bilder finden. Dieser Aspekt kann als typisch für den Expressionismus gesehen werden, da sich die Künstler dieser Epoche gegen die Wirklichkeitsabbildung des Naturalismus wandten.

______

______

b) Formuliere einen weiteren Aspekt aus der Tabelle von Seite 58 selbst aus.

______

______

Den Hauptteil gliedern

4 *In der folgenden Zettelsammlung sind bereits thematische Schwerpunkte notiert, die in der Interpretation vorkommen sollten.*
a) Lege auf Grund deiner Vorarbeiten weitere thematische Aspekte fest.
b) Ordne deine Ergebnisse der sprachlichen und formalen Analyse den Schwerpunkten zu.
c) Überlege, in welcher Reihenfolge du die einzelnen Aspekte in der Interpretation anordnen willst. Nummeriere sie dazu.

TIPP

Für den Hauptteil solltest du deine **Analyseergebnisse bündeln**, z. B. indem du sie thematisch ordnest. Eine Trennung von einzelnen inhaltlichen und sprachlichen Aspekten ist nicht sinnvoll.
Die **Reihenfolge der Aspekte** kann z. B. von ihrer Wichtigkeit für die Deutungshypothese abhängen.

☐ Negative **Darstellung der Stadt**: Personifizierung („... geduckt stiert ...", V. 2; „Häuser sind halbtote alte Leute", V. 3) ...

____

____

☐ **Figuren** im Gedicht werden als suchend und blind dargestellt, z. B. V. 8 und 10: ...

____

____

____

☐ ______________________________

____

____

____

☐ ______________________________

____

____

____

5 *Verfasse die Interpretation des Gedichts in deinem Heft.*

E Den eigenen Text überarbeiten

1 *Lies deine Interpretation nach einer Pause noch einmal durch und überarbeite sie mit Hilfe der folgenden Checkliste.*

✔ Checkliste

	+	−
Aufbau meiner Interpretation		
☐ In der Einleitung habe ich Autor, Titel sowie Entstehungszeit und eventuell die Gedichtform genannt und die Deutungshypothese vorgestellt.	☐	☐
☐ Im Hauptteil habe ich die Ergebnisse der inhaltlichen und formalen Analyse gedeutet.	☐	☐
☐ Ich habe die Interpretation abgerundet, z. B. auf den Entstehungshintergrund hingewiesen.	☐	☐
Vorgehensweise beim Interpretieren		
☐ Ich habe die thematischen Schwerpunkte und den Gedankengang des Gedichts herausgearbeitet.	☐	☐
☐ Ich habe formale, sprachliche und inhaltliche Aspekte des Gedichts untersucht und aufeinander bezogen.	☐	☐
☐ Ich habe sprachliche Bilder und Vergleiche gedeutet, d. h. in begriffliche Sprache übertragen.	☐	☐
Sprachlich-formale Aspekte		
☐ Ich habe Rechtschreibung und Zeichensetzung in meinem Text geprüft.	☐	☐
☐ Ich habe darauf geachtet, Wortwiederholungen zu vermeiden und korrekt zu zitieren.	☐	☐

8 *Christian Hofmann von Hofmannswaldau:* Die Welt – ein Barockgedicht interpretieren

Aufgabenstellung

Interpretiere Christian Hofmann von Hofmannswaldaus Gedicht „Die Welt" aus dem Jahr 1679.

FORTITER OCCVPA PORTVM. (um 1581)

Lauf mit Gewalt dem Hafen zu.

Christian Hofmann von Hofmannswaldau

Die Welt (1679)

Was ist die Welt und ihr berühmtes Glänzen?
Was ist die Welt und ihre ganze Pracht?
Ein schnöder[1] Schein in kurz gefassten Grenzen,
Ein schneller Blitz bei schwarzgewölkter Nacht,
Ein buntes Feld, da Kummerdisteln grünen,
Ein schön Spital[2], so voller Krankheit steckt,
Ein Sklavenhaus, da alle Menschen dienen,
Ein faules Grab, so Alabaster[3] deckt.
Das ist der Grund, darauf wir Menschen bauen
Und was das Fleisch für einen Abgott hält.
Komm, Seele, komm und lerne weiter schauen,
Als sich erstreckt der Zirkel[4] dieser Welt!
Streich ab von dir derselben kurzes Prangen[5],
Halt ihre Lust für eine schwere Last:
So wirst du leicht in diesen Port[6] gelangen,
Da Ewigkeit und Schönheit sich umfasst.

1 **schnöde:** wertlos, schlecht, erbärmlich
2 **Spital:** Krankenhaus
3 **Alabaster:** ein marmorähnlicher Stein
4 **Zirkel:** *hier:* Kreis, Umfang
5 **Prangen:** *hier:* Blühen
6 **Port:** Hafen

A Was wird von mir verlangt?

1 *Zwei Jugendliche machen sich darüber Gedanken, was sie bei einer Gedichtinterpretation unter Beweis stellen sollen. Lies ihre Aussagen.*

Andreas:
Beim Interpretieren zeige ich mein Sprachgefühl, wenn ich zum Beispiel feine Andeutungen sowie sprachliche Bilder erkenne und verstehe.
Ich kann mein eigenes Textverständnis begründen, indem ich zeige, wie durch das Zusammenspiel des formalen Aufbaus, der inhaltlichen Aussagen und der sprachlichen Gestaltung des Gedichts ein gemeinsamer Sinn entsteht.
Außerdem kann ich mein Kontextwissen mit einbringen, das mir hilft, das Gedicht als Produkt seiner Zeit zu sehen und Verbindungen zwischen dem Gedicht und der Entstehungszeit herzustellen.

Katrin:
Für mich bietet ein Gedicht die Möglichkeit, extreme Gefühle wie Angst, Liebe, Trauer oder Kritik auszudrücken. Prosa passt einfach nicht dazu.

2 *Maxie hat nicht genau verstanden, was Andreas meint. Beantworte ihre Fragen.*
a) Was meint Andreas mit dem „Zusammenspiel" verschiedener Aspekte, durch die ein Sinn entsteht?

b) Weshalb zeigt eine gelungene Gedichtinterpretation, dass man Sprachgefühl hat?

c) Kann man nicht auch sagen, dass das Gedicht für sich selbst steht, etwa so, wie es Katrin sagt? Was hat denn der historische Kontext damit zu tun?

B Das Gedicht erschließen

Der erste Eindruck

1 *a) Was ging dir beim Lesen des Gedichts durch den Kopf? Notiere deinen ersten Eindruck.*

b) Notiere – ohne das Gedicht erneut zu lesen – Wörter, die dir im Gedächtnis geblieben sind.

2 *Ergänze den folgenden Cluster, indem du Ausdrücke aus dem Gedicht mit eher negativen und eher positiven Bedeutungen sammelst. Vielleicht fallen dir noch andere Wortfelder oder Gegensätze auf? Achte dabei auch auf mögliche Konnotationen (▷ Umschlagseite U4).*

TIPP
Es lohnt sich oft, Wörter mit ähnlichen Bedeutungen zu sammeln, um die **Stimmung oder den Ton eines Gedichts** zu bestimmen.

3 *Untersuche den gedanklichen Aufbau des Gedichts.*
a) Gliedere es in Sinnabschnitte, die du in der Tabelle auf Seite 65 markierst.
b) Notiere die Kerngedanken der einzelnen Abschnitte in der rechten Spalte der Tabelle.

TIPP
Um den **gedanklichen Aufbau eines Gedichts nachvollziehen** zu können, kann es hilfreich sein, sich klarzumachen, wer der Sprecher oder die Sprecherin in einem Gedicht ist und wer angesprochen wird.

c) Worum geht es in dem Gedicht deiner Meinung nach? Formuliere eine erste Deutungshypothese.

Ich verstehe das Gedicht als ... ______________________________

____

____

____

Den formalen Aufbau untersuchen

4 *Ermittle das Metrum und das Reimschema des Gedichts. Hilfe findest du auf der ▷ Umschlagseite U3.*
a) Markiere dazu für jeden Vers die Hebungen über den entsprechenden Silben.

Beispiel:
Was íst die Wélt und íhr berúhmtes Glánzen?

b) Liegt dem Gedicht ein durchgehendes Metrum zu Grunde oder kannst du Abweichungen feststellen?

Das Metrum des Gedichts ist ______________________, Vers ________ hebt sich rhythmisch ab.

c) Kennzeichne das Reimschema durch abcd *etc. oder Bögen neben den Versen.*

d) Setze deine Ergebnisse zum formalen Aufbau des Gedichts mit der gedanklichen Gliederung in Zusammenhang. Folgende Fragen können dir dabei helfen:
- ☐ *Stimmen die inhaltlichen Abschnitte des Gedichts mit der formalen Gliederung überein, wie sie z. B. durch das Reimschema signalisiert wird?*
- ☐ *Welche Wirkung haben mögliche Abweichungen des Metrums für die inhaltlichen Aussagen dieser Verse?*

____

____

____

____

____

Die sprachliche Gestaltung des Gedichts untersuchen

5 *Untersuche die sprachliche Gestaltung des Gedichts.*
a) Notiere sprachliche Auffälligkeiten und mögliche Zusammenhänge mit der Wirkung des Gedichts in der mittleren Spalte der Tabelle auf Seite 65.

TIPP
Die **sprachliche Gestaltung** wird im Hinblick auf ihren Beitrag zur Aussage eines Gedichts untersucht. Erklärungen wichtiger Stilmittel findest du auf der ▷ Umschlagseite U5.

Verse	Sprachliche Auffälligkeiten	Sinnabschnitte und Kerngedanken
1 Was ist die Welt und ihr berühmtes Glänzen?		Doppelte Frage danach, was die Lebenswelt der Menschen sei. → Pracht und Glanz?
2 Was ist die Welt und ihre ganze Pracht?		
3 Ein schnöder Schein in kurz gefassten Grenzen,	Alliterationen betonen die inhaltlichen Aussagen „Schein" und „Grenzen", durch die die Welt gekennzeichnet ist.	
4 Ein schneller Blitz bei schwarzgewölkter Nacht,	Antithese: Blitz (hell) ↔ Nacht (dunkel) dreifache Betonung des Dunklen	
5 Ein buntes Feld, da Kummerdisteln grünen,		
6 Ein schön Spital, so voller Krankheit steckt,		
7 Ein Sklavenhaus, da alle Menschen dienen,		
8 Ein faules Grab, so Alabaster deckt.		
9 Das ist der Grund, darauf wir Menschen bauen		
10 Und was das Fleisch für einen Abgott hält.		
11 Komm, Seele, komm und lerne weiter schauen,		Aufforderung ...
12 Als sich erstreckt der Zirkel dieser Welt!		
13 Streich ab von dir derselben kurzes Prangen,		
14 Halt ihre Lust für eine schwere Last:		
15 So wirst du leicht in diesen Port gelangen,		
16 Da Ewigkeit und Schönheit sich umfasst.		

b) Sieh dir ausgewählte Metaphern, durch die der Sprecher die „Welt" in dem Gedicht kennzeichnet, noch einmal genau an. Schreibe sie heraus und erkläre die sprachlichen Bilder.

TIPP

Gedichte drücken Gedanken und Vorstellungen oftmals in Bildern aus. Bei einer Interpretation geht es darum, solche **Bilder in eine begriffliche Sprache zu übertragen**. Oft sind Ausdrücke aus älteren Gedichten schwer zu verstehen, da sich die Bedeutung gewandelt hat. So ist das Wort *da* in diesem Gedicht nicht kausal als *weil* zu verstehen, sondern lokal, das heißt, ähnlich wie *wo*.

Textstelle/Metapher	Deutung
Ein schnöder Schein in kurz gefassten Grenzen (Vers 3)	… ______
Ein schneller Blitz bei schwarzgewölkter Nacht (Vers 4)	Die Welt wird gesehen als kurze Helligkeit in großer Dunkelheit, man kann nur ganz kurz etwas sehen und erkennen. Das zeigt auch die dreifache Betonung der Dunkelheit.
______	… ______
______	______
______	______
______	______
______	______
______	______
______	______
______	______
______	______
______	______
______	______
______	______
So wirst du leicht in diesen Port gelangen, Da Ewigkeit und Schönheit sich umfasst. (Vers 15–16)	______

6 *Kannst du nun deine Deutungshypothese aus der Aufgabe 3c) von Seite 64 präzisieren?*

______

______

______

7 *a) Was weißt du über die Entstehungszeit des Gedichts? Folgende Begriffe und Abbildungen helfen dir, dein Vorwissen zu sammeln.*
Tipp: *Du kannst auch ausgehend von diesen Stichpunkten in Lexika nachschlagen oder im Internet recherchieren, um mehr über die Zeit des Barock herauszufinden.*

„Carpe diem!" – (*lateinisch:*) „Nutze/ Genieße den Tag!"

Berühmte Maler des Barock: Rembrandt (1609–1669) und Diego Velázquez (1599–1660)

Hungersnöte, Seuchen – Verelendung der Bevölkerung

„Memento mori!" – (*lateinisch:*) „Gedenke, dass du sterblich bist!"

Dreißigjähriger Krieg 1618–1648

Pracht und Verschwendung des Absolutismus

Entstehung von Bauwerken wie der Petersplatz in Rom und die Residenz in Würzburg

VIVE MEMOR LETHI. (um 1531)

Lebe in Gedanken an den Tod.

b) Notiere deine Ergebnisse.

□ Geschichtliche Ereignisse im 17. Jahrhundert und gesellschaftliche Situation: ____________________

□ Lebensgefühl des Barock zeichnet sich aus durch … ____________________

8 *Welche der eben gesammelten Vorstellungen oder Themen lassen sich in dem Gedicht „Die Welt" wiederfinden?*

C Übungen

1 *Hier siehst du drei Versuche von Schülerinnen und Schülern, sprachliche Auffälligkeiten des Gedichts zu deuten. Ergänze oder verbessere sie, falls nötig.*

TIPP
In der Interpretation kommt es darauf an, die **Wirkung rhetorischer Mittel in ihrem Kontext konkret** zu **beschreiben.**

Katrin:
In den letzten beiden Versen des Gedichts gebraucht der Autor das Bild des Hafens. Das Ziel des erwünschten Handelns nennt er also erst zum Schluss.

Martin:
Die Begriffe „Lust“ und „Last“ werden einander in Vers 15 antithetisch gegenübergestellt. So wird eine der Kernaussagen des Gedichts, dass die Menschen sich von Lust, also weltlichen Wünschen und Begierden, abwenden sollten, deutlich.

Hannah:
Die Verse drei bis acht weisen einen parallelen Satzbau auf. Dadurch werden sie betont.

2 *Mit welchen der Ausdrücke auf der rechten Seite könntest du das unterstrichene Wort im jeweiligen Satz ersetzen? Kreise die bedeutungsähnlichen Wörter ein und schreibe jeweils zwei Varianten auf. Mitunter musst du dazu den Satzbau verändern.*

TIPP

Um **Wortwiederholungen** zu **vermeiden**, solltest du dir für Ausdrücke, die du beim Interpretieren häufig gebrauchst, angemessene Alternativen überlegen.

a) Der Sprecher vergleicht die Welt mit einem Krankenhaus (Vers 6), welches zwar von außen „schön“ wirkt, von innen jedoch voller Leid und Schwäche ist.

abwägen konfrontieren gegenüberstellen prüfen gleichsetzen anführen hinweisen verweisen nebeneinanderstellen den Vergleich heranziehen

→ Der Sprecher **setzt** die Welt mit einem Krankenhaus **gleich**, ...

b) Er betont damit auch hier die Diskrepanz zwischen schönem äußeren Schein und der Wirklichkeit.

andeuten ausdrücken ausmalen ankündigen nahelegen aussagen besagen verdeutlichen hindeuten erklären aufdecken aufhellen beleuchten vertiefen meinen akzentuieren unterstreichen bekräftigen hervorheben

c) Es bleibt die Frage, ob der Mensch überhaupt in der Lage ist, diese Wirklichkeit zu verstehen, denn schließlich sei der Grund, auf den wir – der lyrische Sprecher eingeschlossen – bauen, ein „faules Grab“ (Vers 8).

begreifen fassen nachfühlen erkennen unterscheiden denken einsehen urteilen kapieren durchblicken durchschauen einlesen meistern sich bewusst sein sich bewusst machen Bescheid wissen

D Einen Schreibplan erstellen

1 *Mache dir den Aufbau deines Interpretationsaufsatzes klar. Ordne zu.*

Einleitung	a) Titel, Autor, Entstehungszeit und möglicherweise auch Gedichtform nennen
	b) die Ergebnisse der Analyse von Sprache, Inhalt und formalem Aufbau deuten und mit Textstellen belegen
Hauptteil	c) einen Blick auf das Gedicht als Ganzes werfen, z. B. auf die Entstehungszeit des Gedichts eingehen
	d) meine Deutungshypothese nennen
Schluss	e) dabei zeigen, wie die Wirkung des Gedichts in der sprachlichen und formalen Gestaltung entfaltet wird
	f) kurz das Thema des Gedichts vorstellen: Worum geht es?

2 *Christine und Daniel haben sich einen Plan gemacht, wie sie den* ***Hauptteil*** *ihrer Interpretation aufbauen wollen.*
a) Beschreibe, was sie jeweils vorhaben.

TIPP

Bei der Deutung deiner Analyseergebnisse im Hauptteil kannst du
- ☐ **der Reihe nach** vorgehen, also abschnitts- oder strophenweise,
- ☐ oder aber du ordnest deine Ergebnisse **thematisch** an. Diese zweite Möglichkeit ist etwas schwieriger, aber besser, da hier Wiederholungen vermieden werden.

Christine:	Daniel:
☐ Vers 1–2: Fragestellungen: ...	☐ Beschreibung des Daseins auf Erden
☐ Vers 3–8: ...	☐ Erkenntnis der Vergänglichkeit
☐ Vers 9–10: ...	☐ Streben nach ewigem Leben/Jenseits
☐ Vers 11–14: Aufforderung an ...	
☐ Vers 15–16: ...	

Christine wird in ihrer Interpretation ... ______________________________

____

Daniel dagegen wird ... ______________________________

____

b) Wähle eine der beiden Vorgehensweisen und erstelle eine Gliederung für den Hauptteil deiner Interpretation in deinem Heft. Mache dir auch Notizen für die Einleitung und den Schluss (siehe oben Aufgabe D1).

3 *Schreibe die Gedichtinterpretation in dein Heft.*

E Den eigenen Text überarbeiten

1 *Lies dir deinen Aufsatz nach einer kurzen Pause noch einmal genau durch. Überprüfe ihn mit Hilfe der Checkliste aus dem Kapitel 7 auf Seite 61.*

9 *Sophokles:* Antigone – eine Dramenszene interpretieren

Aufgabenstellung

1. Ordne die Szene kurz in den Gesamtzusammenhang des Dramas ein.
2. Interpretiere die Textstelle: Stelle die Argumentation der beiden Figuren dar und beziehe dabei die sprachliche und szenische Gestaltung mit ein.

Achtung: Auch wenn du das Drama „Antigone" noch nicht kennst, kannst du hier üben, wie man eine Dramenszene interpretiert. Bearbeite dazu wie immer die Teilkapitel A bis D, bevor du mit der Aufgabenstellung der Klassenarbeit beginnst.

Sophokles

Antigone (442 v. Chr.) – Vers 441–525

Antigone steht als Angeklagte vor ihrem Onkel Kreon, dem König von Theben. Dieser hatte verboten, dass Antigones Bruder Polyneikes, der gegen Kreons Stadt gekämpft hatte und dabei getötet wurde, begraben würde. Als Antigone dies dennoch tat, wurde sie von einem Wächter ertappt. Zuvor hatte Kreon diesen Wächter verdächtigt, Polyneikes begraben zu haben.

KREON *(zu Antigone)*
Dich frag ich nun, du senkst den Blick zu Boden:
Gestehst du oder leugnest du die Tat?

ANTIGONE
Ich sage, dass ich's tat, und leugne nicht.

KREON *(zum Wächter)*
Du mach dich fort, wohin es dir beliebt,
Von einem schweren Vorwurf bist du frei!
(Wächter ab)
Du aber sag mir – ohne Umschweif, kurz:
Hast du gewusst, dass es verboten war?

ANTIGONE
Ich wusst es, allerdings, es war doch klar!

KREON
Und wagtest, mein Gesetz zu übertreten?

ANTIGONE
Der das verkündete, war ja nicht Zeus[1].
Auch Dike[2] in der Totengötter Rat
Gab solch Gesetz den Menschen nie. So groß
Schien dein Befehl mir nicht, der sterbliche,
Dass er die ungeschriebenen Gottgebote,
Die wandellosen, konnte übertreffen.
Sie stammen nicht von heute oder gestern,
Sie leben immer, keiner weiß, seit wann.
An ihnen wollt ich nicht, weil Menschenstolz
Mich schreckte, schuldig werden vor den Göttern.
Und sterben muss ich doch, das wusste ich
Auch ohne deinen Machtspruch. Sterbe ich
Vor meiner Zeit, nenn ich es noch Gewinn.
Wes Leben voller Unheil ist[3], wie meines,
Trägt der nicht, wenn er stirbt, Gewinn davon?
Drum schmerzt mich nicht, dass sich mein
Schicksal nun
Erfüllt. Ja, hätt ich meiner Mutter Sohn,
Den Toten, unbestattet liegen lassen,
Das schmerzte mich, doch dies tut mir nicht weh.
[Mag ich dir nun auch eine Törin scheinen –
Vielleicht zeiht mich der Torheit nur ein Tor.]

CHOR
Des Vaters trotzige Art verrät das Kind,
Dem Unglück sich zu beugen weiß sie nicht.

KREON
So merke dir: Der allzu starre Sinn
Zerbricht am ehsten, und der stärkste Stahl,
Wenn man ihn überhart im Feuer glühte,
Zersplittert und zerspringt zuallererst.
Ich weiß, mit kleinem Zügel bändigt man
Die wilden Rosse. Überheblichkeit
Ist nicht am Platz, wo man gehorchen muss.
Die war im Frevelmut[4] schon Meisterin,
Als sie erlassene Gesetze brach.

1 **Zeus:** oberster olympischer Gott in der griechischen Mythologie
2 **Dike:** Göttin des Rechts in der griechischen Mythologie
3 Antigone bezieht sich hier auf einen Fluch, der auf ihrer Familie lastet. Ihrem Vater Ödipus war vorhergesagt worden, dass er seinen Vater töten und seine Mutter ehelichen werde. Unwissentlich tat er dies tatsächlich und zeugte so Antigone und ihre Geschwister.
4 **Frevelmut:** vorsätzliches Begehen von Übeltaten

Und ihrem ersten Frevel folgt der zweite:
Hohnlachend prahlt sie noch mit ihrer Tat.
Wenn sie sich ungestraft das leisten darf,
Bin ich kein Mann mehr, dann ist sie der Mann!
Nein – sei sie meiner Schwester Kind und näher
Als alle Blutsverwandten mir verwandt –,
Sie wird der schwersten Buße nicht entgehn,
Samt ihrer Schwester! Die ist gleichfalls schuldig
An dem Begräbnis, hat es mitgeplant.
Ruft sie mir her! Noch eben sah ich sie
Wie eine Rasende im Hause toben.
Meist spielt das Herz schon vorher den Verräter,
Wenn einer krumme Wege geht im Dunkeln.
Erst recht verhasst ist mir, wer sein Verbrechen
Verschönern will, bei dem man ihn ertappt.

ANTIGONE
Willst du noch mehr, als dass ich sterben muss?

KREON
Sonst nichts. Damit hab ich vollauf genug.

ANTIGONE
Was zögerst du? Wie alles, was du sagst,
Mir nicht gefällt und nie gefallen soll,
Muss meine Art auch dir zuwider sein.
Und doch, wie hätt ich rühmlicheren Ruhm
Gewonnen, als dass ich den eignen Bruder
Begrub? All diese sprächen freudig ja
Dazu, verschlösse Furcht nicht ihren Mund.
[Auch darin hat es herrlich der Tyrann:
Frei darf er tun und sagen, was er will.]

KREON
Das siehst nur du von Kadmos'[5] ganzem Volk.

ANTIGONE
Die sehen's auch, nur kneift ihr Mund vor dir.

KREON
Schämst du dich nicht mit deinem Eigensinn?

ANTIGONE
Die Blutsverwandten ehren schändet nicht.

KREON
Den er erschlug, war er nicht auch dein Bruder?

ANTIGONE
Ja, gleichen Vaters, gleicher Mutter Kind.

KREON
Und kränkst ihn so mit deinem Liebesdienst!

ANTIGONE
Das wird der Tote niemals dir bezeugen!

KREON
Wo du ihn gleich wie diesen Frevler ehrst!

ANTIGONE
Sein Bruder, nicht ein Sklave war's, der starb!

KREON
Der schirmte Theben, der verheerte es.

ANTIGONE
Und dennoch fordert Hades[6] gleiches Recht.

KREON
Man ehrt nicht gleich den Edlen und den Schlechten.

ANTIGONE
Wer weiß, ob drunten das geheiligt ist?

KREON
Nie, auch nicht wenn er starb, lieb ich den Feind.

ANTIGONE
Mitlieben, nicht mithassen ist mein Teil.

KREON
So geh, und muss geliebt sein, lieb die drunten!
Mich wird im Leben nie ein Weib regieren.

Ismene wird aus dem Haus geführt.

5 **Kadmos:** gilt in der griechischen Mythologie als Gründer Thebens. Er ist einer der Vorfahren des Ödipus.

6 **Hades:** in der griechischen Mythologie Herrscher der Unterwelt, d. h. des Reichs der Toten

A Die Aufgabe verstehen

1 *Mache dir klar, was bei dieser Aufgabe von dir verlangt wird. Kreuze die zutreffenden Aussagen an.*

- ☐ a) Auch wenn zwei Aufgaben gestellt sind, schreibe ich einen zusammenhängenden Text mit Einleitung, Hauptteil und Schluss. Die Interpretation des Szenenausschnitts stellt dabei den Hauptteil dar.
- ☐ b) Bei der Einordnung in den Dramenkontext achte ich darauf, möglichst alles ganz ausführlich nachzuerzählen. Nur so kann ich meinem Lehrer zeigen, dass ich den Text wirklich gut kenne.
- ☐ c) Die Einordnung in den Dramenkontext kann recht knapp einen Teil der Einleitung darstellen.
- ☐ d) Bei der Interpretation des Auszugs achte ich auf eine klare Gliederung. Eine Gliederungsmöglichkeit ist es, den Text in Abschnitte zu unterteilen.
- ☐ e) Ich kann meinen Text auch gliedern, indem ich zunächst den Inhalt der Szene wiedergebe, dann aufschreibe, was die Figuren sagen, und in einem weiteren Abschnitt getrennt alle sprachlichen Mittel benenne.
- ☐ f) Ich sollte auch die Figuren betrachten und ihr Verhältnis zueinander herausarbeiten.
- ☐ g) Nicht jede Drameninterpretation ist gleich, sondern hängt vom Inhalt der Szene oder von der jeweiligen Aufgabenstellung ab. Der Schwerpunkt der Analyse dieser Szene liegt somit auf der Argumentation Kreons und Antigones.

B Den Text verstehen – die Szene untersuchen

Einordnung in den Dramenzusammenhang

1 *a) In der folgenden Einleitung hat eine Schülerin versucht, die Szene in den Handlungsverlauf des Dramas einzuordnen. Inhaltlich ist ihr Text richtig, allerdings ist er viel zu ausführlich. Streiche die überflüssigen Textstellen.*

TIPP

Was bei der Einordnung in den Dramenzusammenhang genannt wird, hängt von dem jeweiligen Szenenausschnitt ab. Wichtig ist, dass nur die inhaltlichen Aspekte aufgegriffen werden, die für den Ausschnitt relevant sind.
Der Inhalt sollte außerdem nicht nacherzählt, sondern im Zusammenhang mit der Gesamtstruktur des Dramas betrachtet werden.

Sophokles' tragische Heldin, die Tochter des Ödipus namens Antigone aus dem gleichnamigen antiken Drama sieht sich mit einem unausweichlichen Konflikt konfrontiert: Wenn sie das Recht der Götter respektiert, muss sie Menschenrecht verletzen und sich gegen das Gebot ihres Herrschers stellen. Da sie nach dem Verständnis der damaligen Zeit verpflichtet ist, beiden Geboten gleichermaßen Folge zu leisten, kann sie nur fehlen. — *Autor wird genannt*; ______

Um diesen Konflikt verstehen zu können, muss man über die Vorgeschichte informiert sein. Antigone ist eine Tochter des Ödipus, der auf Grund eines Fluches, der auf der Familie lastet, ein tragisches Ende fand. Ihm war vorausgesagt worden, dass er seinen Vater umbringen und seine Mutter heiraten werde. Genau dies tat er unwissend. Als es herauskam, brachte sich seine Frau bzw. Mutter um, Ödipus selbst blendete sich. ______ ______

Der neue Herrscher über Theben, Kreon, forderte, dass von den beiden Brüdern Antigones, die einander im Kampf um Theben töteten, nur Eteokles, der für Theben gekämpft hatte, begraben werden dürfe, während Polyneikes unbegraben vor den Toren der Stadt verrotten sollte, da er Theben angegriffen habe. ______

Antigone und Ismene sind die einzigen überlebenden Kinder des Ödipus. Antigone beschließt, ihren Bruder Polyneikes trotz des Bestattungsverbots des Kreon zu begraben, und möchte ihre Schwester Ismene überreden, ihr dabei behilflich zu sein. Ismene lehnt ab, weil sie als Frau den Männern keine Vorschriften machen möchte, und die Schwestern trennen sich im Streit. Antigone begräbt ihren Bruder daraufhin allein. Sie wird auf frischer Tat ertappt und von einem Wächter, der dabei jedoch ein sehr schlechtes Gewissen hat, vor Kreon geführt. ______ ______ ______

In der vorliegenden Szene (2. Epeisodion, Vers 441–525) treffen die beiden Antagonisten, Kreon und Antigone, das einzige Mal im gesamten Drama aufeinander. Die beiden einander entgegengesetzten Standpunkte können somit noch einmal kontrastierend verhandelt werden. Der Schlagabtausch zwischen Antigone und Kreon stellt den Höhepunkt des Dramas dar. ______ ______

b) Überprüfe, ob in dieser Einleitung (S. 72) weitere wichtige Informationen wie
- *Autor, Titel und Thema des Dramas genannt werden, ob*
- *Aussagen über die Funktion der Szene in der Dramenstruktur gemacht werden und ob auch*
- *eine Überleitung zum Hauptteil der Interpretation zu finden ist.*

Nutze die Randspalte für deine Notizen.

Analyse des Szenenausschnitts

2 *Verschaffe dir zunächst einen Gesamteindruck über Aufbau und Inhalt des Auszugs.*

TIPP

Neben der Stellung der Szene im Handlungsverlauf sind weitere **Aspekte der Analyse einer Dramenszene** unter anderem
- der **Inhalt der Szene** (Wovon handelt die Szene? Was sind wichtige Abschnitte?) und
- die **Figuren** (z. B. ihre Eigenschaften, Gedanken und Absichten und ihre Beziehungen zueinander).

a) Zeichne eine Spannungskurve des Szenenausschnitts in das unten abgedruckte Koordinatensystem.

b) Trage mit einer anderen Farbe eine Kurve für die Entwicklung des Verhältnisses zwischen Kreon und Antigone in das Koordinatensystem ein.

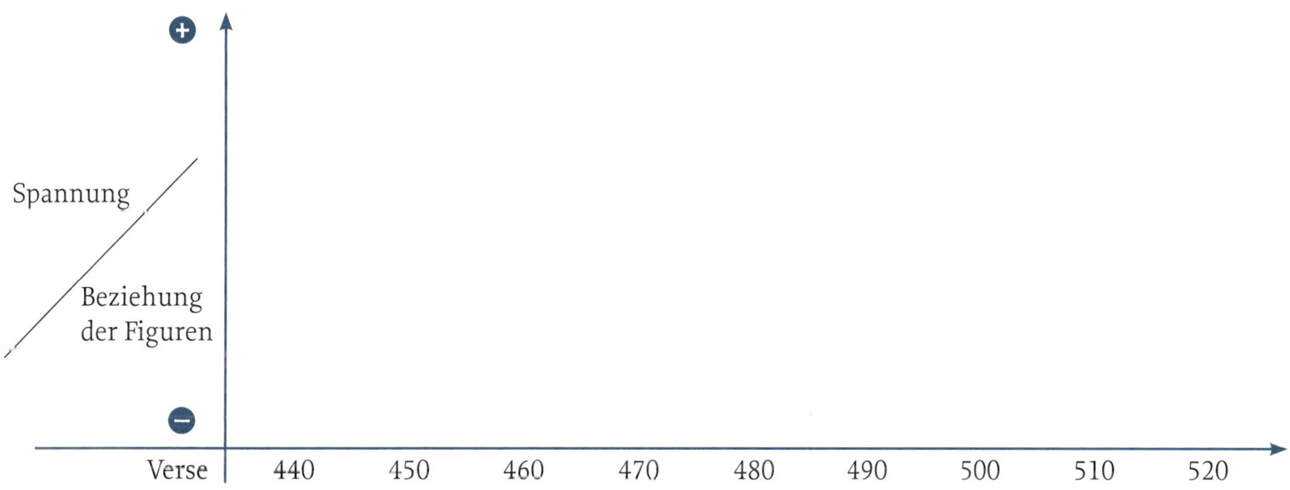

c) Unterteile die Dramenszene in Abschnitte.

TIPP

Oft werden Möglichkeiten, **eine Dramenszene in Abschnitte** zu **unterteilen**, schon beim recht oberflächlichen Lesen ersichtlich. Hinweise auf Einschnitte bieten z. B. Auftritte und Abgänge von Figuren. Auch wenn sich die Art der Gesprächsführung ändert, z. B. längere Monologe anstatt Dialoge zu finden sind, kann eine Unterteilung sinnvoll sein.

3 *Untersuche die Argumentation der beiden Hauptfiguren.*

a) Halte in einem Satz fest, welche Positionen Kreon und Antigone jeweils vertreten.

Kreon ist der Meinung, dass ... ______________________________

____

Antigone vertritt die Position, dass ... ______________________________

____

b) Markiere beim erneuten Durchlesen Textstellen, die Auskunft über Antigones und Kreons Argumente geben, in zwei Farben.
c) Fasse die Argumente der beiden Hauptfiguren knapp in eigenen Worten zusammen. Setze dazu die Tabelle fort.

Antigones Argumente	Kreons Argumente
Die zeitlosen Gebote der unsterblichen Götter sind eher zu beachten als die der sterblichen Menschen (V. 450 ff).	Es ist unangebracht, dass Antigone überheblich oder stur ist (V. 473 ff).
...	...

4 *Untersuche die sprachliche Gestaltung des Szenenausschnitts. Hilfe dazu findest du auf der* ▷ *Umschlagseite U5.*
a) Ordne die rhetorischen Mittel den Beispielen aus dem Text zu.

1. Parallelismus und Antithese
2. Neologismus und Antithese
3. Enjambement

a) „Mitlieben, nicht mithassen ist mein Teil." (Vers 523)
b) „Erst recht verhasst ist mir, wer sein Verbrechen / Verschönern will, bei dem man ihn ertappt." (Vers 495–496)
c) „Der schirmte Theben, der verheerte es." (Vers 518)

b) Markiere weitere rhetorische Mittel im Text. ***Tipp:*** *Beachte dabei auch die Satzzeichen.*

C Übungen

Inhalte in eigenen Worten wiedergeben

1 *In dem folgenden Textauszug aus einem Aufsatz wurde der Konjunktiv bei der Redewiedergabe nicht richtig verwendet. Korrigiere die Fehler.*

TIPP
Wenn du den Inhalt und nicht die Sprache untersuchst, solltest du das Gesagte **möglichst knapp in eigenen Worten** wiedergeben, also **paraphrasieren**.
Dabei wird oft die **indirekte Rede** verwendet, um zu kennzeichnen, dass es sich um fremde Äußerungen handelt.

Kreon meint, dass Antigone mit der Bestattung Polyneikes' ein Verbrechen begangen ~~hat~~ habe. Dies ist umso schlimmer, als sie auch noch mit ihrer Tat angebe. Darüber hinaus findet Kreon, dass Frauen Männern nichts zu sagen haben. Als weiteres Argument dafür, dass

Antigone Polyneikes nicht begraben darf, führt Kreon an, dass dieser ja einen Bruder Antigones getötet hat. Kreon findet auch, dass jemandem, der Theben angegriffen hat, nicht die gleiche Ehre erwiesen werden darf, wie jemandem, der die Stadt verteidigt hat.

2 *a) Drei Schülerinnen und Schüler haben Antigones Begründungen für ihre Tat jeweils in unterschiedlicher Weise paraphrasiert.*
Vergleiche die drei Texte und entscheide, inwiefern sie gelungen sind. Nutze die Randspalte für Notizen und schreibe zum Schluss deine begründete Einschätzung auf.

Anne schreibt:
Antigone führt an, dass derjenige, der das Bestattungsverbot verkündigt habe, ja nicht Zeus gewesen sei. Als weiteren Grund dafür, dass sie Kreons Bestattungsverbot übertreten habe, gibt sie an, dass sie doch sterben müsse und sie es einen Gewinn nenne, wenn sie vor ihrer Zeit sterbe. Ihr Leben sei schließlich voller Unheil. Außerdem sagt Antigone noch, dass sie ja ihrer Mutter Sohn nicht unbestattet habe liegen lassen können.

Costas schreibt:
Antigone führt an, dass das Recht der Götter über dem der Menschen stehe. Des Weiteren sagt sie, dass Kreons Strafe sie nicht schrecke, da jeder Mensch einmal sterben müsse. Das Einzige, was ihr passieren könne, sei, dass ihr Tod ein wenig früher eintrete. Antigone verweist dann noch einmal auf ihre Vergangenheit und indirekt auf den Fluch, der auf ihrer Familie laste (V. 463, 465). Dieser führe dazu, dass ihr Leben von Schmerz geprägt sei. Deshalb sei ihre Entscheidung, ihre Pflicht zu tun und ihren toten Bruder zu begraben, vernünftig, auch wenn Kreon dies anders sehe.

Ellen schreibt:
Als Argument gegen Kreons Bestattungsverbot führt Antigone an, dass die Gebote der Götter zeitlos seien. Sie erklärt genauer, dass Menschen keinerlei Wissen darüber hätten, wann genau diese Gesetze entstanden seien. Damit hat Antigone ganz sicher Recht. Auch ich habe mich schon oft gefragt, wie wohl die Welt entstanden ist. Zwar gehe ich nicht davon aus, dass griechische Götter Gebote erlassen haben, allerdings ist das menschliche Gewissen in der Tat etwas Geheimnisvolles und kann somit als göttlich angesehen werden.

Am gelungensten finde ich ____________________, denn ... ____________________

b) Gib die folgenden Argumente Kreons und Antigones in eigenen Worten wieder.

1. Den er erschlug, war er nicht auch dein Bruder? (Vers 512)

→ Um sie davon zu überzeugen, dass es falsch ist, Polyneikes weiter in Schutz zu nehmen, weist Kreon Antigone darauf hin, dass Polyneikes immerhin ja ihren gemeinsamen Bruder erschlagen habe.

2. Das wird der Tote niemals dir bezeugen! (Vers 515)

3. Man ehrt nicht gleich den Edlen und den Schlechten (Vers 520).

4. Nie, auch nicht wenn er starb, lieb ich den Feind (Vers 522).

Richtig zitieren

3 *Die Schülerin Alina macht beim Zitieren noch Fehler. Halte jeweils fest, gegen welche Regel sie verstößt, und verbessere ihre Aussagen anschließend.*

TIPP

Wenn du die Sprache eines Autors untersuchst, solltest du, um deine **Behauptungen** zu **belegen**, aus dem Text zitieren. Wichtige Regeln zum Zitieren findest du auf der ▷ Umschlagseite U5.

a) Metaphern in Kreons Äußerungen sollen verdeutlichen, wie stur Antigone ist. „der stärkste Stahl, / Wenn man ihn überhart im Feuer glühte, / Zersplittert und zerspringt zuallererst. / Ich weiß, mit kleinem Zügel bändigt man / Die wilden Rosse." (V. 476–478).

Regel: Zitate werden in den Text eingebunden.
Korrektur: Metaphern in Kreons Äußerungen sollen verdeutlichen, wie stur Antigone ist (V. 476–478). Ein Beispiel hierfür sind die „wilden Rosse" (V. 478), die man an „kleinem Zügel bändig[e]" (V. 477).

b) Kreon sagt, dass Antigones Tat bestraft werden müsse, und erläutert dies mit einem Paradoxon. Ansonsten sei „er kein Mann mehr, dann sei Antigone der Mann" (V. 485).

Regel: ____

Korrektur: ____

c) Kreon betont die Ungeheuerlichkeit von Antigones Tat, indem er dreimal das Wort „Frevel" äußert.

Regel: ____

Korrektur: ____

d) Um den Unterschied zwischen Eteokles und Polyneikes hervorzuheben, stellt Kreon den Edlen dem Schlechten antithetisch gegenüber. [V. 520]

Regel: ____

Korrektur: ____

Beobachtungen ausformulieren

4 *Hier findest du eine Tabelle mit sprachlichen Auffälligkeiten und deren jeweiliger Wirkung.*
a) Ergänze die Tabelle. Greife dazu auf deine Ergebnisse der Aufgabe 4 von Seite 74 zurück.

TIPP
Die sprachliche Gestaltung (z. B. der Gebrauch rhetorischer Mittel) ist nur dann erwähnenswert, wenn auch erklärt wird, in welchem Zusammenhang die rhetorischen Mittel mit inhaltlichen Aussagen stehen.

Sprachliche Auffälligkeiten	Wirkung
1. Antithese: „Totengötter" (V. 451) – „Menschen" (V. 452), „heute oder gestern" (V. 456) – „immer" (V. 457)	Betonung des Unterschieds zwischen Irdischem und Göttlichem
2. Periphrase: „meiner Mutter Sohn" (V. 466)	Hervorhebung der Nähe und der familiären Verpflichtung gegenüber Polyneikes
3.	
4.	

b) Formuliere aus den Stichworten ganze Sätze, um die Wirkung der sprachlichen Mittel zu beschreiben.

→ 1. Um den Unterschied zwischen dem Göttlichen und dem Irdischen zu betonen und um zu bekräftigen, dass die „Gottgebote" (V. 454) wichtiger seien als die Befehle des Königs, werden in Antigones Rede die Begriffe „Menschen" und „heute oder gestern" den Ausdrücken „Totengötter" und „immer" antithetisch gegenübergestellt (V. 451–457).

2.

3.

4.

D Einen Schreibplan entwickeln

1 *a) Hier findest du Thesen zu verschiedenen Analyseaspekten des Auszugs. Halte jeweils in Stichworten fest, welche Beobachtungen die Thesen stützen könnten.*
b) Ergänze weitere Thesen und führe diese ebenfalls aus.
c) Bringe die Ergebnisse in eine sinnvolle Reihenfolge, indem du sie nummerierst.

TIPP

Wenn du den **Hauptteil** einer **Drameninterpretation gliederst**, kann es oft sinnvoll sein, den **Gesprächsverlauf chronologisch** zu **betrachten**, um zu zeigen, wie die Figuren aufeinander reagieren. Vor allem aber bietet es sich an, **Beobachtungen zu einzelnen Analyseaspekten** (z. B. zum Aufbau, zur Entwicklung des Geschehens und zu den Figuren) **thesenartig zusammenzufassen**.
Die **Reihenfolge** der Aspekte solltest du so anlegen, dass die Informationen für die Leser übersichtlich und sinnvoll präsentiert werden. Außerdem kannst überlegen, welche Aspekte miteinander in Verbindung stehen. So lassen sich Überleitungen besser gestalten.

☐ Antigone lässt sich von Kreon nicht einschüchtern, sondern nutzt die Begegnung von Beginn an dazu, noch einmal darzulegen, warum sie Polyneikes begraben hat.

____

____

____

☐ Die Spannung steigt im Verlauf der Auseinandersetzung an, bis das Gespräch mit Antigones Ausspruch: „Mitlieben, nicht mithassen ist mein Teil" seinen Höhepunkt erreicht.

____

____

____

☐ Kreons Antwort auf Antigones Darstellung enthält nur wenige wirkliche, auf Fakten basierende Argumente.

____

____

____

☐ Kreons Einstellung gegenüber Antigones Tat verhärtet sich im Laufe der Auseinandersetzung.

____

____

____

☐ Antigone ist Kreon argumentativ überlegen.

____

____

____

☐ Der Auszug lässt sich in drei Teile gliedern.

____

____

____

☐ ____________________

____

____

____

☐ ____________________

____

____

____

2 *Mache dir klar, wie du den* ***Schlussteil*** *der Szenenanalyse gestalten könntest. Kreuze die zutreffenden Aussagen an.*

☐ a) Ich sage, wie mir das Drama oder der Szenenausschnitt gefällt, und begründe meine Meinung.

☐ b) Dabei lobe ich das Stück, denn dann freut sich mein Deutschlehrer und ich bekomme eine gute Note.

☐ c) Ich zeige kurz, wie sich die Handlung weiterentwickelt. Dabei vermeide ich aber eine bloße Inhaltswiedergabe, sondern stelle nur die Stellen dar, welche mit der interpretierten Szene direkt zusammenhängen.

☐ d) Ich gehe kurz darauf ein, inwieweit das Verhalten der Figuren für sie typisch ist und wie es zum Ausgang des Dramas beiträgt.

3 *Zwei Schüler haben beschrieben, wie das Drama „Antigone" endet. Inhaltlich stimmen beide Vorschläge, einer ist jedoch viel besser als Schlussteil geeignet als der andere. Wähle diesen aus und begründe deine Entscheidung.*

Helge schreibt:

Während sich Antigone in diesem Dialog mit Kreon vorwiegend von ihrer positiven Seite zeigt, wird in der darauf folgenden Auseinandersetzung mit Ismene der Beitrag zu ihrem Untergang deutlich. Gegenüber der Schwester erweist sich Antigone als halsstarrig und unversöhnlich. Ismenes großzügige Friedensangebote nimmt Antigone nicht an, sondern besteht darauf, allein zu sterben.

Auch die Gründe für Kreons Untergang sind im zweiten Epeisodion schon klar erkenntlich. Kreon überschätzt die eigene Person, wenn er seine Gebote höher stellt als die der Götter. Seine Argumente zeigen, wie wenig er bereit ist, das eigene Handeln rational zu hinterfragen. Diese Überheblichkeit führt schließlich auch zu seinem Untergang.

Gunnar schreibt:

In der folgenden Szene tritt Ismene auf, deren Behauptung, dass sie an der Bestattung von Polyneikes beteiligt gewesen sei, von Antigone als Lüge entlarvt wird. Antigone besteht auch darauf, alleine zu sterben, da sie findet, dass Ismene eines solchen Ehrentodes nicht würdig sei. Schließlich habe sich Ismene um ihre Verantwortung als Schwester gedrückt. Nachdem Kreon beide Schwestern angehört hat, verurteilt er nur Antigone zum Tode. Das Todesurteil wird vollstreckt, obwohl Ismene, Kreons Sohn Haimon und der blinde Seher Teiresias Kreon bedrängen, Antigone zu schonen. Schließlich stirbt Haimon, der mit Antigone verlobt war, gemeinsam mit Antigone. Kreons Frau bringt sich aus Kummer darüber um und Kreon muss erschüttert feststellen, dass er völlig alleine auf der Welt steht. Er wünscht sich seinen Tod herbei.

Der Vorschlag von ____________ ist der bessere, denn hier ... ______________________________

____

4 *Verfasse die Interpretation der Dramenszene in deinem Heft. Greife für die Einleitung auf die Aufgabe B1 zurück. Den Schluss kannst du weitgehend aus der Aufgabe D3 übernehmen oder eine persönliche Stellungnahme schreiben.*

E Den eigenen Text überarbeiten

1 *Mache nach dem Schreiben eine kurze Pause, überarbeite dann deinen Text mit Hilfe der folgenden Checkliste.*

☑ Checkliste

	+	–
☐ In der Einleitung habe ich den Titel und den Autor des Stücks genannt sowie die Szene in den Handlungsverlauf des Dramas eingeordnet.	☐	☐
☐ Im Hauptteil habe ich die Ergebnisse der Analyse des Aufbaus, des Inhalts und der sprachlichen Gestaltung der Szene zusammengefasst.	☐	☐
☐ Ich habe darauf geachtet, den Inhalt nicht nachzuerzählen, sondern ihn knapp in eigenen Worten zu paraphrasieren, wenn ich auf wichtige inhaltliche Punkte eingehe.	☐	☐
☐ Alle Behauptungen, die ich aufgestellt habe, werden durch Verweise auf konkrete Textstellen belegt. Dabei habe ich auf die korrekte Zitierweise geachtet.	☐	☐
☐ Die Sprachanalyse habe ich immer mit inhaltlichen Beobachtungen verknüpft, also zum Beispiel die Wirkung rhetorischer Mittel im Kontext beschrieben.	☐	☐
☐ Im Schlussteil habe ich die Bedeutung der Szene für die Entwicklung des Dramas gezeigt oder Stellung genommen.	☐	☐
☐ Ich habe die Rechtschreibung und die Zeichensetzung meines Textes überprüft.	☐	☐

10 *Maike Wetzel:* Auf dem Eisernen Steg – Kurzprosa gestaltend interpretieren

Aufgabenstellung

Am Abend denken Edda und Frank – jeder für sich – noch einmal über den Verlauf des Tages nach und überlegen, wie es weitergehen soll. Gestalte einen inneren Monolog aus der Sicht Eddas oder Franks.

Maike Wetzel

Auf dem **Eisernen Steg**[1] **(2000)**

Ich kannte mal einen, der saß auf dem Eisernen Steg und steckte seine Hand in Eddas Armeeparka. Frank hieß er. Die Brücke schwankte, als er dort mit Edda hockte. Die beiden schwankten mit. Am Rande des Tausendfüßlers, der über den Eisernen Steg zog, saßen sie und steckten die Finger zusammen. Der Main unter ihnen hatte die Farbe von gefrorener Entengrütze. Unter den Platanen schrien die Händler: Ein' Mack Stück! Ein' Mack Stück! Kleider und Schuhe lagen in wilden Haufen vor ihnen. Die Leute versuchten Beute zu machen. Sie zerrten an jedem Ärmel, Kragen, Schal und Schnürsenkel, den sie entdeckten, schauten kurz auf die Sachen und schmissen alles wieder oben auf den Berg. Über den Eisernen Steg kamen neue Kunden aus der Stadt.

Frank und Edda zählten die vorbeilaufenden Schuhe auf der Brücke. Edda die glänzenden mit Schnallen und Schnüren, die halbhohen mit Absatz. Stiefel, wenn sie aus Leder waren. Frank zählte Slipper, Pumps und Turnschuhe. Was ist mit Clogs?, fragte Edda. Wer zählt die? Frank entschied, Clogs seien Joker, und wer sie zuerst sehe, müsse laut schreien. Er ging bald in Führung, weil Edda nie entscheiden konnte, ob die Schuhe halbhoch, aus Kunststoff oder aus Leder waren. Sie starrte zu lange auf den Main und drückte Franks Hand an ihren Körper. Er hätte gern die Hand frei gehabt. Er wollte sich Notizen darauf machen. Doch er ließ sie Edda. Einer kam vorbei, den kannten sie. Seine Schuhe waren dreckig. Er sagte, die Marktstände schließen um zwei, da gibt's sicher das ein oder andere Brötchen. Die beiden am Boden nickten. Die Uhr am anderen Flussufer zeigte kurz vor zwei. Sie blieben sitzen. Es war noch zu warm für den Armeeparka und die drei Pullis übereinander. Wegen der Sonne blieben Stiefel und halbhohe Schuhe zu Hause. Edda war das egal. Sie zählte einfach zehnmal ihre eigenen Stiefel mit und holte auf. Als Frank einmal musste, gingen sie zum Ufer. Er suchte sich einen Baum, während Edda die Einkaufstüten bewachte. Auf dem Boden lagen Kastanien. Sie fühlten sich gut an. Zwischen rissigem Daumen und roten Fingern drehte Edda Kastanien, bis Frank zurückkam. Er fasste ihr hinter die Ohren, flüsterte in die gelben Haare, du bist wunderschön.

Am Kiosk neben der Brücke kauften sie zwei Dosen Bier. Zusammen saßen sie wieder auf der Brücke. Sie wanderten mit der Sonne. Zwischen Wasser und Himmel glänzte Franks Nase, die immer wie poliert war. Er hatte eine scharfgeschnittene Nase, ohne Buckel. Fast wie eine Pyramide, dachte Edda und vergaß wieder, Schuhe zu zählen. Frank nicht, der war gewissenhaft. Vor Jahren lernte er die Telefonnummern seiner Freunde auswendig, um sie jederzeit anrufen zu können. Da Frank niemanden beleidigen wollte, lernte er alle Nummern. Er merkte sich die Nummer seiner Bäckersfrau, die der Kollegin aus der untersten Etage, die ihm mal ein Wurstbrot mitgebracht hatte, die des Jungen, der sein Rad auf Franks Auto hatte fallen lassen, die Nummer der Familie, an deren Tisch er im Teneriffa-Urlaub vor drei Jahren gesessen hatte. Die Nummer der Telefonauskunft konnte er sich nicht merken. Eines Tages wachte Frank auf und war nur noch damit beschäftigt, sich aller Telefonnummern zu vergewissern. Da ging er zur Post und kündigte seinen Anschluss. Genau wie Telefonnummern stapelte Frank jetzt Schuhe in seinem Kopf. Slipper. Pumps und Turnschuhe, Slipper, Pumps und Turnschuhe. Er hatte es nicht verlernt. Rote, brau-

Ernst Ludwig Kirchner: Frankfurter Dom (1925)

1 **Eiserner Steg:** eine 170 m lange Fußgängerbrücke in Frankfurt/M. Am südlichen Ende befindet sich am Mainufer der bekannteste Frankfurter Flohmarkt.

ne, schwarze. Mit Streifen, Mustern, ohne Lack, mit Klettverschluss, zum Schlüpfen. Hottentotten-Boots, links gelatschte, rechts gelatschte, orthopädische Schlappen, einer ging barfuß. Den buhte Frank aus. Manchmal sah er zweimal das gleiche Paar. Er überlegte, eine Paschregelung einzuführen. Eine, die ihn bevorteilte, Edda fiel das nicht auf. Sie träumte. Früher, als sie im Kassenhäuschen des Parkplatzes hockte, hatte sie den Autos Menschen zugeordnet. Dabei konnte man nicht schummeln. Der Mercedes passte zu dem schlanken Herrn mit Pilotenbrille, das Motorrad zu dem Altrocker mit Gummistiefeln. Sie hatte sich Geschichten ausgedacht, die diese Menschen unterwegs auf den Straßen erleben könnten. Wilde Tramperinnen, die ihnen die Köpfe abrissen oder sie ausraubten. Der Mann mit der Pilotenbrille bot ihnen im letzten Augenblick seine Kreditkarte samt Geheimnummer an, aber die wollten die Tramperinnen nicht. Sie sagten Sachen wie: Für die Ehre Randolfs. Nimm das, du Hund! Und stießen die Männer in den Straßengraben. Manchmal raubten sie auch die Kinder von den Rücksitzen und brachten sie zu fernen Indianerstämmen. Edda liebte Indianer. Sie selbst hatte keinen Führerschein, fuhr nicht schwarz, trampte nie. Frank erledigte das für sie. Er ging zu den Ämtern und Behörden. Sie holte ihm dafür das Essen.

Edda saß da und wartete auf den Joker, die Clogs. Sie hatte es fast vergessen. Der Menschenstrom auf dem Eisernen Steg begann sich umzudrehen. Die Leute vom Flohmarkt gingen heim. Sie trugen ihre Beute in Supermarkttüten. Einer hatte ein Ölfass gekauft, ein dreckiges, das rollte er heim und freute sich wie ein König. Edda starrte durch die vorbeilaufenden Beine auf den Fluss, als das Mädchen kam. Es war ungefähr fünf Jahre alt und seine Haare waren gelb. Edda blickte dem Mädchen nach. Die Kleine drehte sich um und zeigte ihr eine lange Nase, verdrehte die Augen. Frank spürte Eddas Hand in seiner zucken. Edda stand auf, packte das Kind am Ärmel und schrie. Sie hat den Joker gefunden, dachte Frank noch. Aber das Mädchen trug gar keine Clogs. Es hatte nur gelbe Haare. Edda stand in der Herbstsonne, hielt das Kind am Ärmel fest und schloss den Mund. Die Menschen liefen einen Bogen um sie herum. Das Mädchen wollte etwas sagen, riss sich aber los und lief davon. Edda klappte zusammen, fiel mitten auf die Brücke. Frank vergaß die Schuhe. Er ging zu ihr und zog sie hoch. Was war denn das?, fragte er. Sie hatte meine Haare, sagte Edda. Frank nickte. Aber jetzt ist sie weg. Edda seufzte. Du hast gewonnen. Halt mich. Sie verbarg ihr Gesicht an seiner Schulter. Wir können Hunde zählen gehen, schlug Frank vor. Edda war misstrauisch. Mit oder ohne Leine? Frank grinste. Die Menschen eilten immer schneller und mit festen Tritten. Als Frank und Edda den Eisernen Steg verließen, schwankte der Boden immer noch.

A Die Aufgabe verstehen

1 *Hast du die Aufgabe richtig verstanden? Kreuze die zutreffenden Aussagen an.*

Ich soll ...

- ☐ a) Edda oder Frank über die Ereignisse des vergangenen Tages nachdenken lassen.
- ☐ b) aus der Sicht einer der beiden Figuren einen Tagebucheintrag formulieren.
- ☐ c) eine Charakterisierung der beiden Hauptfiguren verfassen.
- ☐ d) mich gedanklich in Edda oder Frank hineinversetzen.
- ☐ e) die Ereignisse des Tages aus der Sicht Eddas oder Franks (Ich-Form) wiedergeben.
- ☐ f) das offene Ende des Textes in einem inneren Monolog fortsetzen.
- ☐ g) die sprachlichen Besonderheiten der Textvorlage unberücksichtigt lassen.
- ☐ h) das Gespräch zwischen Edda und Frank weiterführen.

2 Bei der Zeichensetzung im inneren Monolog muss ich beachten, dass ...

- ☐ a) Gedanken in Anführungszeichen gesetzt werden.
- ☐ b) der gesamte Text ohne Anführungszeichen geschrieben wird.
- ☐ c) der Text insgesamt in Anführungszeichen gesetzt wird.

TIPP

Wenn du die Möglichkeit hast, die Figur, aus deren Sicht du einen inneren Monolog schreiben sollst, selbst zu wählen, solltest du dir erst die Geschichte und die Figuren genau ansehen. Bearbeite daher zunächst die Aufgaben auf den folgenden Seiten und entscheide dann, ob du einen inneren Monolog Eddas oder einen inneren Monolog Franks verfassen willst.

B Textverständnis – Ideen sammeln

1 *a) Lies die Geschichte. Welchen Eindruck hast du nach dem ersten Lesen?*

b) Notiere Fragen, die offen bleiben, weil sie sich aus dem Text selbst nicht so ohne Weiteres beantworten lassen.

TIPP

Auch bei einer **gestaltenden Interpretation** musst du den Ausgangstext zunächst **analysieren und interpretieren**. Nur so kannst du den inneren Monolog einer Figur dem Text angemessen und überzeugend verfassen.

Offene Fragen

Wie alt sind die beiden?

c) Lege ein DIN-A4-Blatt neben dein Arbeitsheft und mache dir Notizen zu spontanen Gedanken und Einfällen, die du vielleicht später in deinem inneren Monolog verwenden kannst. Überlege dir z. B. mögliche Antworten zu einigen der offenen Fragen.

2 *a) Markiere alle Textstellen, in denen du etwas über den **Charakter** und die **Verhaltensweisen** der beiden Hauptfiguren erfährst, rot (Edda) und grün (Frank). Trage deine Informationen in der folgenden Tabelle zusammen.*

TIPP

Um die **Gedanken und Gefühle** der Figur in deinem inneren Monolog darstellen zu können, musst du dir zunächst ein genaues Bild von der Figur machen: Welche **Charaktereigenschaften** hat sie, wie **verhält** sie sich und in welcher **(Lebens-)Situation** befindet sie sich?

Edda	Frank
Edda kann sich nie entscheiden. (Z. 23–24) Sie schummelt. (Z. 35–36) ...	Frank entscheidet. (Z. 21) Er ist gewissenhaft. (Z. 50) ...

b) Markiere alle Textstellen, in denen du etwas über die ***Lebensumstände*** *der beiden Figuren erfährst („früher" und „heute") mit einer weiteren Farbe. Welche Rückschlüsse kann man daraus auf ihre momentane Situation ziehen?*

Lebensumstände früher

Informationen im Text →	Schlussfolgerungen
Frank: Er hatte eine „Kollegin". (Z. 55) Er hatte ein Telefon und ein Auto. (Z. 57 und 63)	Er hatte Arbeit, ...
...	
Edda:	
...	

Lebensumstände heute

Informationen im Text →	Schlussfolgerungen
Beide: Sie sitzen den ganzen Tag auf der Brücke. (Z. 45–46)	Sie gehen vermutlich keiner geregelten Arbeit nach.
...	...

3 *Wenn du dir die Lebenssituation und das Verhalten der beiden genau vor Augen geführt hast, kannst du auch Rückschlüsse auf ihr* ***Verhältnis zueinander*** *ziehen. Versuche, dieses Verhältnis in wenigen knappen Sätzen zu beschreiben.*

4 *a) Kreuze an, welche der folgenden sprachlichen Besonderheiten in der Kurzgeschichte zu finden sind.*

TIPP
Neben den inhaltlichen Aussagen solltest du auch die **sprachliche Gestaltung** der Geschichte untersuchen, um sie besser zu verstehen.

- [ ] a) rhetorische Fragen
- [x] b) einfacher Satzbau
- [ ] c) gewagte Metaphern
- [ ] d) klare, verständliche Sprache
- [ ] e) unvollständige Sätze
- [ ] f) Wiederholungen
- [ ] g) Parallelismen
- [ ] h) lange Satzgefüge
- [ ] i) viele Vergleiche
- [ ] j) lakonischer Sprachstil
- [ ] k) kurze, prägnante Hauptsätze
- [ ] l) wörtliche Rede ohne Anführungszeichen

b) Mache dir vor dem Hintergrund deiner bisherigen Ergebnisse Notizen zu der Wirkung einiger sprachlicher Mittel, die dir besonders aufgefallen sind.

einfacher Satzbau → Das Erzählte wirkt eher unmittelbar; schnelles Erzähltempo im ersten Absatz: viele simultane Eindrücke, ...

C Übungen

1 *a) Suche Synonyme für die folgenden Verben.*

TIPP
Wenn du die Gedanken und Gefühle der Figuren wiedergibst, solltest du **abwechslungsreiche Verben verwenden**. Alternative Vorschläge für Verben, die du häufig gebrauchst, findest du z. B. in einem Synonymwörterbuch.

denken: überlegen, bedenken, ...

fühlen: empfinden, ...

unsicher sein: zögern, unentschlossen sein, ...

Angst haben: sich fürchten, ...

wütend sein: ...

zufrieden sein: sich wohlfühlen, ...

b) Ergänze die Liste durch weitere Verben, die dir wichtig für den Ausdruck der Gedanken und Gefühle der Figuren erscheinen.

____

____

____

c) Klammere diejenigen Varianten ein, die deiner Meinung nach nicht zur Sprache Eddas oder Franks passen. So würden z. B. „frohlocken" oder „verspüren" eher nicht passen, da dies keine alltagssprachlichen Ausdrücke sind.

2 *a) Formuliere die folgenden Sätze aus dem Text so um, dass sie zu einem inneren Monolog Franks oder Eddas passen können.*
b) Ergänze ein weiteres Beispiel. Es reicht, wenn du die Zeilen, auf die du dich beziehst, angibst.

TIPP

Die Sätze der Autorin seien „lapidar und poetisch", sagt ein Rezensent, also sehr kurz, aber doch so, dass man sich dabei viel denken kann. Man kann sich vorstellen, dass die Figuren selbst schon mehr denken und fühlen, als der Erzähler oder die Erzählerin uns sagt.
Diese „Leerstellen" solltest du in einem inneren Monolog durch **Expansionen** (Erweiterungen) ausfüllen.

Textstellen	Gedanken und Gefühle der Figuren
„Sie starrte zu lange auf den Main und drückte Franks Hand an ihren Körper. Er hatte gern die Hand frei gehabt. Er wollte sich Notizen darauf machen. Doch er ließ sie Edda." (Z. 24–27)	**Frank:** Der Fluss ist kein klares Wasser, fast schmierig, aber er fließt so vor sich hin, gleichgültig, was die Menschen träumen und tun. Ich sollte mich auf das Spiel konzentrieren, aufschreiben, wie weit ich mit den Schuhen bin. Doch sie braucht meine Hand, ich lasse sie ihr ... **Edda:** Franks Hand tut gut. Er ist so verlässlich. Er gibt mir Sicherheit. Er kennt das Spiel, er bleibt da, ... ______________________
„Die Brücke schwankte, als er dort mit Edda hockte. Die beiden schwankten mit. Am Rande des Tausendfüßlers, der über den Eisernen Steg zog, saßen sie und steckten die Finger zusammen." (Z. 3–6)	**Frank:** ______________________ ______________________ ______________________ **Edda:** ______________________ ______________________ ______________________
Zeile ___ bis ___	**Frank:** ______________________ ______________________ ______________________ **Edda:** ______________________ ______________________ ______________________

D Den Schreibplan erstellen

1 *Du kannst nun überlegen, ob du deinen inneren Monolog aus der Perspektive Eddas oder Franks schreiben willst.*

2 *a) Wie soll dein innerer Monolog* ***beginnen****?*

- ☐ *Du kannst z. B. den Verlauf des Tages auf der Brücke der Reihe nach erzählen, also mit einem Ereignis vom Beginn des Tages anfangen.*
- ☐ *Du kannst aber auch mit den Ereignissen oder Gefühlen, die Frank oder Edda deiner Meinung nach am meisten beschäftigen, beginnen (z. B. der Vorfall mit dem kleinen Mädchen, Zeile 101–113).*

b) Hast du weitere Vorschläge? Notiere deine Ideen hier.

TIPP

Ein innerer Monolog ist – ähnlich wie ein Tagebucheintrag – ganz **individuell aufgebaut**, es gibt **keine festen Vorgaben**. Dennoch solltest du dir Gedanken über Inhalt und Aufbau deines Textes machen, bevor du anfängst zu schreiben.

Ich könnte auch ... ______________________________

____

3 *Welche Geschehnisse oder Details willst du anschließend aufgreifen und in welcher Reihenfolge willst du sie anordnen? Notiere einige Stichpunkte und lege die Reihenfolge deiner Gedanken und Assoziationen fest. Greife dazu auf deine Vorarbeiten von Seite 82–85 zurück.*

____

____

____

____

____

____

4 *In der Aufgabenstellung auf Seite 80 steht:*
„Am Abend überlegen Edda und Frank – jeder für sich –, wie es weitergehen soll."
Wie könnte dein innerer Monolog ***enden****?*
*Eine Rezensentin schreibt zu Maike Wetzels Sammlung von Geschichten mit dem Titel „****Hoch****zeiten", aus der auch „Auf dem* ***Eisernen Steg****" stammt:*

Maike Wetzels Geschichten werden ohne erkennbare Höhepunkte erzählt, sie beschreiben einfach den Alltag und die Lebenssituation der jeweiligen Figuren. Und gerade dieses „Dahinplätschern" macht die Geschichten interessant. Sie beschreiben eine schwierige Situation und ihren meist unglücklichen Fortgang, ohne jedoch den Anfang oder das Ende klar gestaltet anzubieten. Es bleibt immer dem Leser überlassen, die Geschichte zu Ende zu denken. Und meist ist es unmöglich, ein Happy End heraufzubeschwören. *(Veronika Meyer, 2000)*

a) Wie hast du als Leser oder Leserin auf das offene Ende reagiert?

____

____

____

____

b) Überlege, ob auch du auf der Grundlage deiner genauen Untersuchungen zu Charakter, Verhaltensweisen und Lebenssituation der beiden Figuren zu dem Ergebnis kommen willst, dass ein Happy End, also eine Verbesserung der Lebensumstände, unmöglich ist, oder ob du doch noch eine Alternative siehst.

Es ist unmöglich, ein Happy End heraufzubeschwören, denn ...	Ich sehe mögliche Alternativen: ...

c) Wähle aus der Tabelle ein oder zwei Stichpunkte, die du für den Abschluss deiner Interpretation ausformulierst.

5 *Schreibe deinen inneren Monolog in dein Heft.*

E Den eigenen Text überarbeiten

1 *Überprüfe deinen Text mit Hilfe der folgenden Checkliste und überarbeite die Stellen, die noch nicht gelungen sind.*

☑ Checkliste

	+	–
In meinem inneren Monolog wird der Typ oder Charakter der Figur (Edda oder Frank) angemessen erfasst und veranschaulicht.		
□ Ich habe einen passenden Beginn gewählt.	□	□
□ Ich habe Teile der Vorlage aufgegriffen, sie aber nicht nacherzählt, sondern aus der Sicht Eddas bzw. Franks geschildert.	□	□
□ Ich habe mich in die Figur hineinversetzt und ihre Gedanken und Gefühle anschaulich zum Ausdruck gebracht.	□	□
□ Ich habe darauf geachtet, dass die Gedanken der Figur zu den Hinweisen im Text und zur äußeren Handlung passen.	□	□
□ Ich habe einen Schluss gewählt, der die Geschichte sinnvoll weiterführt und der zur Textvorlage passt.	□	□
Sprachlich und stilistisch ist mein innerer Monolog abwechslungsreich und korrekt.		
□ Ich habe meinen Text konsequent in der 1. Person Singular (Ich-Form) geschrieben.	□	□
□ Ich habe abwechslungsreiche Verben und nicht zu häufig *Ich dachte,* ... verwendet.	□	□
□ Ich habe nicht nur Hauptsätze aneinandergereiht, sondern auch andere Satzarten wie Fragen und Ausrufe gebraucht.	□	□
□ Ich habe mir den Text am Ende noch einmal in Ruhe durchgelesen und dabei meine Rechtschreibung und Zeichensetzung überprüft.	□	□

11 Testaufgaben trainieren – Texte lesen, auswerten und schreiben

In diesem Kapitel kannst du dein Wissen aus der 10. Klasse testen.

Franz Kafka

Der Nachbar (1917)

Mein Geschäft ruht ganz auf meinen Schultern. Zwei Fräulein mit Schreibmaschinen und Geschäftsbüchern im Vorzimmer, mein Zimmer mit Klubsessel und Telefon, das ist mein ganzer Arbeitsapparat. So einfach zu überblicken, so leicht zu führen. Ich bin ganz jung und die Geschäfte rollen vor mir her. Ich klage nicht, ich klage nicht.

Seit Neujahr hat ein junger Mann die kleine, leer stehende Nebenwohnung, die ich ungeschickterweise so lange zu mieten gezögert habe, frischweg gemietet. Auch ein Zimmer mit Vorzimmer, außerdem noch eine Küche. Zimmer und Vorzimmer hätte ich wohl brauchen können – meine zwei Fräulein fühlten sich schon mal überlastet –, aber wozu hätte mir die Küche gedient? Dieses kleinliche Bedenken war daran schuld, dass ich mir die Wohnung habe nehmen lassen. Nun sitzt dort dieser junge Mann. Harras heißt er. Was er dort eigentlich macht, weiß ich nicht. Auf der Tür steht: „Harras, Bureau". Ich habe Erkundigungen eingezogen, man hat mir mitgeteilt, es sei ein Geschäft ähnlich dem meinigen. Vor Kreditwährung könne man nicht geradezu warnen, denn es handle sich doch um einen jungen, aufstrebenden Mann, dessen Sache vielleicht Zukunft habe, doch könne man zum Kredit nicht geradezu raten, denn gegenwärtig sei allem Anschein nach kein Vermögen vorhanden. Die übliche Auskunft, die man gibt, wenn man nichts weiß.

Manchmal treffe ich Harras auf der Treppe, er muss es immer außerordentlich eilig haben, er huscht förmlich an mir vorüber. Genau gesehen habe ich ihn noch gar nicht, den Büroschlüssel hat er schon vorbereitet in der Hand. Im Augenblick hat er die Tür geöffnet. Wie der Schwanz einer Ratte ist er hineingeglitten und ich stehe wieder vor der Tafel „Harras, Bureau", die ich schon viel öfter gelesen habe, als sie es verdient.

Die elend dünnen Wände, die den ehrlich tätigen Mann verraten, den Unehrlichen aber decken. Mein Telefon ist an der Zimmerwand angebracht, die mich von meinem Nachbar trennt. Doch hebe ich das bloß als besonders ironische Tatsache hervor. Selbst wenn es an der entgegengesetzten Wand hinge, würde man in der Nebenwohnung alles hören. Ich habe mir abgewöhnt, den Namen der Kunden beim Telefon zu nennen. Aber es gehört natürlich nicht viel Schlauheit dazu, aus charakteristischen, aber unvermeidlichen Wendungen des Gesprächs die Namen zu erraten. – Manchmal umtanze ich, die Hörmuschel am Ohr, von Unruhe gestachelt, auf den Fußspitzen den Apparat und kann es doch nicht verhüten, dass Geheimnisse preisgegeben werden.

Natürlich werden dadurch meine geschäftlichen Entscheidungen unsicher, meine Stimme zittrig. Was macht Harras, während ich telefoniere? Wollte ich sehr übertreiben – aber das muss man oft, um sich Klarheit zu verschaffen –, so könnte ich sagen: Harras braucht kein Telefon, er benutzt meines, er hat sein Kanapee an die Wand gedrückt und horcht, ich dagegen muss, wenn geläutet wird, zum Telefon laufen, die Wünsche des Kunden entgegennehmen, schwer wiegende Entschlüsse fassen, groß angelegte Überredungen ausführen – vor allem aber während des Ganzen unwillkürlich durch die Zimmerwand Harras Bericht erstatten.

Vielleicht wartet er gar nicht das Ende des Gesprächs ab, sondern erhebt sich nach der Gesprächsstelle, die ihn über den Fall genügend aufgeklärt hat, huscht nach seiner Gewohnheit durch die Stadt und, ehe ich die Hörmuschel aufgehängt habe, ist er vielleicht schon daran, mir entgegenzuarbeiten.

A Textverständnis

1 *a) Kläre die Aussage des Ich-Erzählers in den ersten Zeilen der Geschichte (Z. 1–7).*

- [ ] a) Er stellt dar, wie schlecht es um seine berufliche Lage bestellt ist.
- [ ] b) Er beschreibt, wie erfolgreich er arbeitet.
- [ ] c) Er möchte, dass der Leser sich die Wohnung besser vorstellen kann, und zählt deshalb das Mobiliar auf.
- [ ] d) Er beklagt, dass er es wegen seines Alters noch nicht weit gebracht hat.

b) Mit welchen drei Adjektiven kann der Ich-Erzähler auf Grundlage des ersten Absatzes der Geschichte beschrieben werden?

- [ ] a) selbstständig, erfolgreich und anspruchslos
- [ ] b) jung, ängstlich und organisiert
- [ ] c) leichtfertig, unabhängig und großzügig
- [ ] d) unglücklich, resigniert und einsam

c) Wie könnte die Aussage „Ich klage nicht, ich klage nicht" des Ich-Erzählers (Z. 6–7) gedeutet werden?

TIPP
Achte bei Aufgaben, bei denen du etwas interpretieren sollst, darauf, deine **Beobachtungen am Text** zu **belegen.**

____

____

____

2 *Lies den zweiten Absatz (Z. 8–27) der Geschichte.*
Welche Ausdrücke im Text verraten dir, dass der Ich-Erzähler sich selbst Vorwürfe macht? Schreibe diese Wörter mit Zeilenangaben auf.

____

____

____

3 *Untersuche die Beziehung zwischen den beiden Figuren.*
a) Sammle alle Informationen, die dem Ich-Erzähler über seinen neuen Nachbarn vorliegen, und ergänze den folgenden Steckbrief.

Name: Harras______________________________

Alter: ______________________________

Beruf: ______________________________

Kreditwürdigkeit[1]: ______________________________

Sonstige Informationen: ______________________________

____

1 **Kreditwürdigkeit:** Kreditwürdig ist jemand, dem von der Bank zugetraut wird, eine Geldleihgabe (Kredit) nach Ablauf einer bestimmten Frist wieder zurückzahlen zu können.

b) Beschreibe die Wirkung des Satzes „Nun sitzt dort dieser junge Mann." (Z. 16–17) im Kontext der Geschichte.

c) Erkläre in eigenen Worten, weshalb der Ich-Erzähler das Bild „wie der Schwanz einer Ratte" (Z. 32–33) verwendet. Berücksichtige dabei, welche Vorstellungen mit dem Begriff „Ratte" konnotiert sind.

d) Der Ich-Erzähler spricht nicht direkt von seinen Gefühlen gegenüber dem neuen Nachbarn. Drei Schülerinnen und Schüler haben Überlegungen zum Verhalten des Ich-Erzählers angestellt. Welche der Erklärungen ist glaubhaft? Kreuze jeweils an, ob die Aussagen stimmen könnten, und begründe deine Entscheidung anhand konkreter Textstellen.

Mia: Der Ich-Erzähler mag seinen Nachbarn eigentlich, will jedoch nicht, dass man seine Gefühle gegenüber Harras erfährt. Schließlich arbeitet er nur mit zwei „Fräulein" zusammen – ein neuer Nachbar mit ähnlichen Interessen sorgt für Abwechslung.

Diese Antwort ☐ könnte stimmen, denn ... ☐ stimmt nicht, denn ...

Patrick: Der Ich-Erzähler erwähnt seine Gefühle nicht, da er ein rationaler Mensch sein möchte, der lediglich die Tatsachen analysiert und sich nicht von Emotionen beeinflussen lässt.

Diese Antwort ☐ könnte stimmen, denn ... ☐ stimmt nicht, denn ...

Marina: Der Ich-Erzähler erwähnt seine Gefühle nicht, da ihm sein neuer Nachbar gleichgültig ist. Er ist lediglich verärgert darüber, dass er nicht selbst die Wohnung gemietet hat, und das bringt er ja deutlich zum Ausdruck.

Diese Antwort ☐ könnte stimmen, denn ... ☐ stimmt nicht, denn ...

4 *a) Die beiden „Fräulein" aus dem Vorzimmer bemerken einige Veränderungen an ihrem Vorgesetzten, seit der neue Nachbar da ist.*
Markiere diese sichtbaren Veränderungen seines Verhaltens im Text (S. 88).

b) Sie wundern sich sehr über sein Verhalten, da sie nicht ahnen, welche Verdächtigungen ihr Vorgesetzter gegenüber dem neuen Nachbarn hegt.
Notiere diese Verdächtigungen stichpunktartig mit Zeilenangaben.

Der Ich-Erzähler beschuldigt den neuen Nachbarn, die Namen seiner Geschäftskunden erraten zu wollen (Z. 45–46), ... __________

____

____

5 *Untersuche die sprachliche Gestaltung des folgenden Satzes:*

Die elend dünnen Wände, die den ehrlich tätigen Mann verraten, den Unehrlichen aber decken (Z. 36–37).

Nenne zwei Gestaltungsmittel und beschreibe ihre Wirkung auf den Leser. Formuliere ganze Sätze.

____

____

____

6 *Malte, Frauke und Lasse überlegen, wie man das Verhalten der Hauptfigur deuten konnte. Würdest du einem von ihnen am ehesten zustimmen, lehnst du manche Gedanken völlig ab oder haben alle drei deiner Meinung nach Recht? Nimm zu den drei Aussagen Stellung und belege deine Meinung jeweils durch passende Textstellen.*

Malte meint:	Frauke überlegt:	Lasse findet:
Der Ich-Erzähler ist ein Mann mit zwei Gesichtern: Einerseits ist er ein erfolgreicher Geschäftsmann, andererseits reagiert er sehr irrational, als er von seinem Nachbarn bedrängt wird.	Ist es nicht so, dass der Ich-Erzähler sich im Laufe der Geschichte verändert? Während er am Anfang noch sehr gelassen scheint, steigert er sich in Verdächtigungen hinein, die am Ende haltlos und übertrieben sind.	Eigentlich muss man den Ich-Erzähler der Geschichte bemitleiden: Er weiß nichts über den neuen Nachbarn und hat nur Angst.

____

____

____

____

____

B Wortschatz und Grammatik

1 *Paraphrasiere die unterstrichenen Aussagen.*

a) ...denn es handle sich doch um einen jungen, aufstrebenden Mann, dessen Sache vielleicht Zukunft habe ... (Z. 22–24)

____

b) Aber es gehört natürlich nicht viel Schlauheit dazu, aus charakteristischen, aber unvermeidlichen Wendungen des Gesprächs die Namen zu erraten. (Z. 43–46)

____

c) ... ehe ich die Hörmuschel aufgehängt habe, ist er vielleicht schon daran, mir entgegenzuarbeiten. (Z. 66–68)

____

2 *Bestimme, ob die unterstrichenen Formulierungen im Aktiv oder im Passiv stehen.*

a) Natürlich werden dadurch meine geschäftlichen Entscheidungen unsicher, ... (Z. 51–52)	______________
b) Durch die Wand werden Geheimnisse preisgegeben.	______________
c) Mein Telefon ist an der Zimmerwand angebracht, die mich von meinem Nachbar trennt (Z. 37–39).	______________

3 *a) Um welche Form der Redewiedergabe handelt es sich in den Zeilen 20–26?*

____

b) Übertrage diese Zeilen in eine andere Form der Redewiedergabe.

____

C Rechtschreibung und Zeichensetzung

1 *Formuliere fünf Ratschläge an den Ich-Erzähler unter Verwendung der folgenden Ausdrücke. Achte dabei auf die Zusammen- und Getrenntschreibung.*

~~jemanden hinter/gehen~~ etwas schluss/folgern über jemanden her/ziehen jemandem zu/hören daher/kommen

a) Denke noch einmal nach: Dein Nachbar will dich wahrscheinlich gar nicht **hintergehen**! ______________

b) ____

c) ____

d) ____

e) ____

2 *a) Um welche Wortarten handelt es sich in den folgenden Fällen bei **das** bzw. **dass**?*

1) Zwei Fräulein [...], Klubsessel und Telefon, **das** ist mein ganzer Arbeitsapparat. (Z. 1–4) → ______________

2) Dieses kleinliche Bedenken war schuld, **dass** ich mir die Wohnung habe nehmen lassen. (Z. 15–16) → ______________

3) Vielleicht wartet er gar nicht **das** Ende des Gesprächs ab, sondern erhebt sich nach der Gesprächsstelle, die ihn über den Fall genügend aufgeklärt hat, huscht nach seiner Gewohnheit durch die Stadt und, ehe ich die Hörmuschel aufgehängt habe, ist er vielleicht schon daran, mir entgegenzuarbeiten. (Z. 62–68) → ______________

*b) Schreibe auf, welche syntaktische Funktion **das** außerdem übernehmen kann, und formuliere einen Beispielsatz.*

Das Wort **das** kann auch als ______________________ verwendet werden.

Beispiel: ... ____

____

c) Erkläre den Gebrauch der Kommas im Beispiel 3 der Aufgabe 2a).

____

____

____

____

D Ein satirisches Gedicht interpretieren

Eugen Roth

Falscher Verdacht (1935)

Ein Mensch hat meist den übermächtigen
Naturdrang, andre zu verdächtigen.
Die Aktenmappe ist verlegt.
Er sucht sie, kopflos und erregt,
Und schwört bereits, sie sei gestohlen,
Und will die Polizei schon holen
Und weiß von nun an überhaupt,
Dass alle Welt nur stiehlt und raubt.
Und sicher ist's der Herr gewesen,
Der, während scheinbar er gelesen –
Er ahnt genau, wie es geschah ...
Die Mappe? Ei, da liegt sie ja!
Der ganze Aufwand war entbehrlich
Und alle Welt wird wieder ehrlich.
Doch den vermeintlich frechen Dieb
Gewinnt der Mensch nie mehr ganz lieb,
Weil der die Mappe, angenommen,
Sie wäre wirklich weggekommen –
Und darauf wagt er jede Wette –
Gestohlen würde haben hätte!

1 *Weise anhand konkreter Textstellen nach, weshalb das Gedicht (Seite 93) als „satirisch" bezeichnet werden kann. Gehe dabei mindestens auf zwei Merkmale einer Satire ein.*

Es handelt sich hier um einen satirischen Text, denn ... ______

______

______

______

2 *Beschreibe die Steigerung des „falschen Verdachts" im Gedicht in drei Schritten.*

a) Beginn des Verdachts ______

b) Steigerung ______

c) Konkreter Verdacht ______

3 *a) Forme den letzten Vers des Gedichts so um, wie er standardsprachlich heißen würde.*

______

b) Erläutere die Wirkung dieses Verses im Kontext des Gedichts. Gehe dabei auf den Begriff „Möglichkeitsform" ein.

______

______

______

4 *Vergleiche die beiden Texte (S. 88 und S. 93) miteinander. Worin bestehen inhaltliche Geimsamkeiten und Unterschiede? Nenne jeweils zwei Aspekte in Form von Stichpunkten.*

Gemeinsamkeiten:	**Unterschiede:**
1) ______	1) ______
______	______
2) ______	2) ______
______	______

5 *Mit welchem der folgenden Sprichworte wird am ehesten die „Moral" der beiden Texte bezeichnet? Kreuze an.*

- ☐ a) Ehrlich währt am längsten.
- ☐ b) Was du nicht willst, was man dir tut, das füg auch keinem anderen zu.
- ☐ c) Das Misstrauen ist die Mutter der Sicherheit.
- ☐ d) Argwohn riecht den Braten, ehe das Kalb geschlachtet ist.

E Argumentieren

Es ist leicht, andere zu verdächtigen. Erläutere die Gründe, die zur voreiligen Verdächtigung einer anderen Person führen können.

1 *a) Verlangt diese Aufgabenstellung eine steigernde oder eine Pro-und-Kontra-Erörterung? Begründe deine Meinung.*

TIPP

Auch wenn die Zeit bei Prüfungen knapp ist, solltest du dir in Ruhe klarmachen, was in der Aufgabe von dir verlangt wird, damit du nicht das Thema verfehlst.

Es handelt sich bei dieser Aufgabe um eine ________________ Erörterung.

Das erkenne ich daran ... ________________

____

b) Verfasse eine Einleitung und einen Schluss für eine Erörterung zu dem oben genannten Thema.

Einleitung	**Schluss**

c) Nenne stichpunktartig zwei Argumente für den Hauptteil.

1) ________________

____

____

2) ________________

____

____

Autoren- und Textquellenverzeichnis

S. 18–19: Daniel Goleman: „Soziale und emotionale Intelligenz. Unsere Kinder – Opfer des Fortschritts". In: „Das Wissen von morgen. Was wir für wahr halten, aber nicht beweisen können: Die führenden Wissenschaftler unserer Zeit beschreiben ihre großen Ideen". Hg. von John Brockman. Aus dem Englischen übersetzt von Hans Günter Holl. Frankfurt: Fischer Taschenbuch Verlag 2008, Seite 221–223; **S. 28 oben:** aus: „Second Life" http://de.wikipedia.org/wiki/Second_Life (gekürzt) abgerufen am 12.11.2008; **S. 29 oben:** Michael Stein: „Second Life – Parallelwelt im Computer. Aus der Sendung „Online-Spiele" des Südwestrundfunks vom 11.12.2006 (gekürzt); **S. 29 Mitte:** „Virtuelle Affäre in Second Life kostet Briten seine Ehe". In: „Der Tagesspiegel" vom 15.11. 2008; **S. 38–39:** Paul Spiegel: „Es geht um unser Land". In: „Frankfurter Rundschau" vom 10.11.2000 (gekürzt); **S. 46–47:** Georg Bungter: „Geh'n wir uns selber vergiften im Park". In: „Tintenfisch. 14. Jahrbuch für Literatur". Hg. von Michael Krüger. Berlin: Wagenbach Verlag 1978, S. 105–106; **S. 54:** Alfred Lichtenstein: „Die Stadt". In: „Gesammelte Gedichte. Mit Fotos, Portrait und Faksimiles". Zürich: Arche Verlag 1962, S. 60; **S. 58 oben:** „Expressionismus". In: „Literaturlexikon. Daten, Fakten und Zusammenhänge". Hg. von Wieland Zirbs. Berlin: Cornelsen Verlag/Scriptor 1998 (gekürzt); **S. 58 unten:** aus: „Texte, Themen und Strukturen. Deutschbuch für die Oberstufe Gymnasium Baden-Württemberg". Hg. von Margret Fingerhut und Bernd Schurf. Berlin: Cornelsen Verlag 2009; **S. 62:** Christian Hofmann von Hofmannswaldau. „Die Welt". In: „Deutsche Übersetzungen und Gedichte". Hg. und mit einem Nachwort versehen von Franz Heiduk. Hildesheim, Zürich, New York: Olms Verlag 1984, S. 31; **S. 70–71:** aus: Sophokles: „Antigone". Übersetzt von Wilhelm Kuchenmüller. Stuttgart: Reclam Verlag 2000, S. 22–25; **S. 80–81:** Maike Wetzel: „Auf dem Eisernen Steg". In: „Hochzeiten". Frankfurt a. M.: Fischer Verlag 2000; **S. 86:** aus: Veronika Meyer: „Hochzeiten von Maike Wetzel" http://www.jungeforschung.de/debut/start.html abgerufen am 10.5.2009; **S. 88:** Franz Kafka: „Der Nachbar". In: Sämtliche Erzählungen. Hg. von Paul Raabe. Frankfurt a. M.: Fischer Verlag 1990, S. 300–301; **S. 93:** Eugen Roth: „Falscher Verdacht". In: „Sämtliche Menschen". München, Wien: Hanser Verlag 1983, S. 17

Bildquellenverzeichnis

S. 4 links: © picture-alliance / dpa; **S. 4 Mitte:** © sinopictures / Stuart Forster; **S. 4 rechts:** © picture-alliance / Rtna, UK; **S. 10 links:** © picture-alliance / Lehtikuva; **S. 10 Mitte:** © picture-alliance / dpa; **S. 10 rechts:** © picture-alliance / ZB; **S. 12 links oben:** © imago / INSADCO; **S. 12 Mitte, rechts unten:** © picture-alliance / ZB; **S. 18:** © F 1 online www. f1online.de; **S. 28:** © Fittkau & Maaß Consolting, 2008; **S. 29:** © picture-alliance / dpa; **S. 38:** ullstein-bild – caro / Meyerbroeker; **S. 45:** © picture-alliance /dpa; **S. 46:** © Christian BOB Born / toonpool.com; **S. 54:** akg-images; © Ludwig Meidner-Archiv, Jüdisches Museum, Frankfurt a. M.; **S. 62:** aus: „Emblemata. Handbuch zur Sinnbildkunst des XVI. und XVII. Jh." Hg. von Arthur Henkel und Albrecht Schöne. Stuttgart: Metzler Verlag 1996, Spalte 1469; **S. 67 links:** akg-images; **S. 67 rechts:** aus: „Emblemata. Handbuch zur Sinnbildkunst des XVI. und XVII. Jh." Hg. von Arthur Henkel und Albrecht Schöne. Stuttgart: Metzler Verlag 1996, Spalte 997; **S. 71, 77:** © Iko Freese / Agentur Drama; **S. 80:** Reni Hansen / artothek

Zu diesem Trainingsheft gibt es ein passendes Arbeitsheft (ISBN 978-3-464-68023-0), das Orientierungswissen zum Nachschlagen (ISBN 978-3-464-68000-1) und ein Hörbuch (ISBN: 978-3-464-60379-6).

Impressum

Redaktion: Amelie Ihering, Ilka Pescheck
Bildrecherche: Gabi Sprickerhof

Illustrationen: Sylvia Graupner, Annaberg (S. 88, 91, 93); Mone Schliephack, Niedernhausen
Umschlaggestaltung: Katrin Nehm (Foto: Thomas Schulz)
Layoutkonzept: Katharina Wolff-Steiniger
Layout und technische Umsetzung: L101 Mediengestaltung, Berlin

www.cornelsen.de

1. Auflage, 1. Druck 2009

Druck: Himmer AG, Augsburg

ISBN 978-3-06-100029-5

Inhalt gedruckt auf säurefreiem Papier aus nachhaltiger Forstwirtschaft.